www.ingramcontent.com/pod-product-compliance
Lightning Source LLC
Chambersburg PA
CBHW071201130726
47998CB00002B/572

طموحات أنثى

مجموعة قصصية

طموحات أنثى

"مجموعة قصصية"

بقلم

وفاء الشلبي

(ح) مكتبة العبيكان، ١٤٢٩هـ

فهرسة مكتبة الملك فهد الوطنية أثناء النشر

الشلبي، وفاء

طموحات أنثى./ وفاء الشلبي. – ط٢.– الرياض، ١٤٢٩هـ

١٣٤ص؛ ١٤ × ٢١سم

ردمك: ١-٤٨٦-٥٤-٩٩٦٠-٩٧٨

١- القصص القصيرة العربية   أ– العنوان

ديوي ٨١٣٫٠١   ١٤٢٩/ ٢٢٨٤

رقم الإيداع: ٢٢٨٤ /١٤٢٩

ردمك: ١-٤٨٦-٥٤-٩٩٦٠-٩٧٨

الطبعة الثانية

١٤٢٩هـ/ ٢٠٠٨م

حقوق الطباعة محفوظة للناشر

الناشر: العبيكان للنشر

الرياض – شارع العليا العام – جنوب برج المملكة

هاتف ٢٩٣٧٥٧٤ /٢٩٣٧٥٨١ فاكس ٢٩٣٧٥٨٨

ص. ب ٦٧٦٢٢ الرمز ١١٥١٧

التوزيع: مكتبة العبيكان

الرياض – العليا – تقاطع طريق الملك فهد مع العروبة

هاتف ٤١٦٠٠١٨ /٤٦٥٤٤٢٤ فاكس ٤٦٥٠١٢٩

ص. ب ٦٢٨٠٧ الرمز ١١٥٩٥

المحتويات

الصفحة	الموضوع

حـين دعتـني وفاء لتقديم مجموعتها "طموحات أنثى" بدت لي المهمـة صعبـة، لأني أجريها للمـرة الأولى، ولأني أخـشى أن تأسرني رشاقة أعرفها في قلمها، ورقة لا تخلو من جرأة حيية، أعرفها في موضوعاتها.

بكثير من الحنان والتعاطف والتعاضد، تتلمس وفاء مشكلات المرأة: أماً وزوجة وعاملة وامرأة محرومة.

بضـربات سـريعـة مـاهرة ترسـم اللوحـة الآنيـة لتتطلق من خـلالهـا إلى الماضي أو المسـتقبل، وقد تراوح بينهـما بما يخدم قصتـها ويوصـلك إلى الهـدف منهـا، وبما ينطبق على توصـيف القصة القصيرة بالصورة التي عرفناها بها منذ عرفت بلادنا هذا الفن.

تراها أحياناً في أشد حالات الإشفاق على المرأة، وقد تقسو عليها وتعاقبها حين تجدها تخلت عن مهمتها التي فطرت عليها ولا تتقن شيئاً قدر إتقانها إياها .. تراها ملاكاً وتراها شيطاناً، وقلما تجد بينهما منطقة تحتمل أحكاماً بين بين.

لغـة سـهلة لطيفـة، أخضعـتـها، دون تنازل، لمتطلَّبـات الفكرة فاستخدمت لغة المتحدثين من غير العرب بجرأة تسمح بها ثقافة شـاعت وأضحت مفـهـومـة .. بينمـا تجـد وفاء في مـواضع أخرى تتحدث عن الجميع بلغة خطابيـة وعظية استخدمتها لنفض ما لديها من أفكار تحرص على بثّها في فؤاد القارئ، دون أن تعطيه فرصة لالتقاط أنفاسه واستنتاج الأمور بجهده، ما فوّت عليه أحياناً متعة التأمل والتحليل.

كثير من الموافقات والدمَعات تنتزعها وفاء من القارئة بخاصة، وكثير من الإعجاب بتصيّد الفكرة التي تبدو لنا أحياناً معـروفة متكررة، وكأنما غاب عن أذهاننا (التي أرهقها تكسُّر النصال على النصال) أن المعاناة الإنسانية لا يخفّف منها تكرارها واعتيادها.

أدعوكنّ وأدعوكم لقراءة المجموعة لتحكموا بأنفسكم .. وأرجح أنكم، مثلي، ستشدكم الهموم الصغيرة والكبيرة فتنتقل إليكم روح التعـاطف والمشـاركة .. متيـحة مسـاحة كبيرة للنقاش والاختـلاف الذي، حين يأخذ مساراته الصحية الأمينة، يتحول إلى قوة وتقدم.

جزى الله وفاء عنا كل خير: رشاقةَ لغتها، وجمالَ تصويرها، وقبل ذلك تلك التلقائية التي صورت بها هموم الأسرة المسلمة التي تؤدّي ما عليها وتعيش حياتها ككل البشر، لكنك تجدها مهما عانت تنطلق في مواجهة الهموم والأعباء من الشعور العميق المتغلغل في أعماق كل مسلم؛ بحكمة الله ورحمته ورعايته.

فاطمة محمد أديب الصالح

الرياض ١٤٢٨/١/٦هـ

" الدرع "

نظرت إلى نفسها في المرآة للمرة العشرين!! قالت: لا بأس.. مظهري وشكل ملابسي.. حتى تقاسيم وجهي اليوم ترسم صورة المرأة الناجحة..

دقت ساعة الحائط.. إنها تمام الثامنة.. يجب أن تكون بعد قليل في قاعة الاحتفالات حيث ينتظرها الجميع للاحتفال بتكريمها .. شعور بالفخر والزَّهو غمرها..

خمسة وعشرون عاماً وهي تعمل في هذا المصرِف.. بدأت موظفة بسيطة ثم ناضلت وجاهدت لتصل إلى مرتبة المديرة العامة.. إنها اليوم القلب المحرك لجميع أجهزة المصرف وعاملاته.. إنها اليوم سيدته الأولى ومديرته الناجحة.. أحكمت ربط عقدها الفيروزي حول رقبتها ..لم يعجبها .. قالت: لونه غير مناسب.. اللون الأبيض أجمل مع ما أرتديه، تلمست بيدها بعض التجاعيد التي بدأت تظهر حول عنقها وفوق جبينها: قالت: لولا هذه العلاماتُ

الفاضحة لبدَوت صبية في العشرين.. ولكن لا بأس!! فلم أُضيّعّ عمري سدى!!

خرجت من غرفتها مزهوة.. رأت زوجها ممدّداً على الأريكة في غرفة الجلوس وأمامه قهوته المفضلة.. قالت له برقة غير معتادة:

- لم لم تنادني لأشرب القهوة معك؟..

قال ببرود: لقد عودتني أن أشربها وحيداً، فأنت في مثل هذا الوقت من كل يوم تكونين غارقة في بحر أوراقك النقدية وبطاقاتك المصرفية!!

ابتسمت وقالت: ولكن يشرِّفك اليوم وأنا هنا أن تشرب القهوة مع المديرة العامة.. لقد أقاموا حفلاً كبيراً لتكريمي.. أفلا أستحق منك دعوة لفنجان قهوة!!

جلست إلى جانبه.. سألها متلهفاً:

- هل لديك وقت لمحادثتي؟..

- لديّ خمس دقائق فقط!! سوف تمرّ بي زميلتي بعد قليل!!

قال بحزن: عندي أمر مهم أريد إخبارك به.. لقد اتصل عبدالله مساء أمس يخبرني أنه عائد من لندن.. وأنه قرر ألا يكمل دراسته الجامعية!!

- ماذا تقول؟ غير معقول!! لابد أنه يمزح!!

- لقد أخبرني بمنتهى الجِدّية أنه عائد .. إنه لا يمزح!!

قـالت: يا إلهي!! حين رسـب في العـامين الماضـيين وعـدنا أن يبدأ مرحلة جديدة يعوّض فيها كل مـا فاته .. مـا الذي خطر بباله اليوم؟ ..

- ربما شعر بأنه غير قادر على إكمال مشواره وحيداً وبعيداً!! ربما أراد أن يبدأ حياته العملية ..

- مستحيل .. مستحيل .. أنا وأمه وأحمل شهادة جامعية!!

ليـته يعلم كم كـافحت للحصـول عليـهـا!! كم نـاضلت لأنجح ولأصل إلى ما أنا عليه اليوم!!

أجابها متألماً: نجاحك لا يعني نجاح أولادك بل ربما ..

قـاطعتـه قـائلة: لقـد وصلت زمـيلتي .. عليَّ أن أذهب الآن .. الجميع في انتظاري .. حياها زوجها بسخرية وتصنع قائلاً:

- ألف مبروك سيدتي المديرة!! أرجو لك دوام النجاح ..

خرجت سعيدة مزهوّة .. وصلت مكان الحفل .. دخلت والأنظار تتوجّه إليـها .. أصوات الأكفّ وهي تحييّهـا أنعشتها وأنستها مـا سـمـعته قبـل قليل من زوجها .. تنقلت من مكان إلى مكان كملكة نحل بين أفـراد خليتهـا .. كـانت تـوزع ابتسـامـاتها لجميع الحـاضـرات

وتنتشي بالأنظار التي تلاحقها حيثما توجهت!! وحين دُعيت إلى المنصّة لتكريمها؛ خفق قلبها في صدرها كمراهقة عاشقة، فتورّد وجهها ولمعت عيناها ببريق السعادة والظفر.. شكرت جميع المشاركات في الحفل.. حيّت الضيفات الكريمات.. شعرت وهي على المنصة أنها فوق سلّم المجد.. وأن النجاح يحالفها ويحيط بها من كل جانب..

كم أسعدتها المفاجأة المعدّة لها!! درع كبير قد نقش اسمها عليه بحروف ذهبية.. كُتب إلى جانبها " هدية إلى رمز المرأة الناجحة" منذ مدة طويلة لم تذرف عيناها .. انهمرت دموعها بغزارة.. إنها دموع الفرح والنشوة والنصر..

وفي طريق عودتها إلى البيت تخيّلت سعادة زوجها وابنتها بدرعها العظيم وهديتها القيمة.. فجأة تذكرت وقالت:

- ولكن أين ابنتي أمل؟.. لم لم تحضر الحفل؟.. لقد أكدت لي حضورها ليلة أمس!!

قالت في سرها: لابد أنه زوجها.. ياله من زوج!! إنه دوماً يقف في طريق سعادة ابنتها.. ألم يكفهِ أنه منعها من إكمال دراستها الجامعية!! ألم يكفه أنه منعها من العمل في المصرف..

قالت بصوت مسموع: ياله من متسلط! لقد حرم ابنتي فرصة رائعة للعمل والتفوق في ظلّ نجاحي!!

وصلت المنزل.. دخلت والسعادة تضجّ في أعماقها.. فتحت الباب بهدوء لتفاجئ زوجها بهديتها الرائعة..

كم أدهشـتها المفاجـأة حين رأت ولدها عبد الله وابنتها أمـل!!

قالت في دهشة: ما الذي جاء بك يا عبد الله !! وهل أنت جادّ حقاً في قرارك؟.. وأنت يا أمل!! أنت هنا والجميع يحتفلون بنجاح أمك!! لماذا لم تأتي؟

صمت مريب وقاتل خيّم على المنزل.. دموع حزينة ملأت عيني ابنتها الوحيدة.. نظرت إلى زوجها.. سألته بلهفة:

- ما الذي حصل؟؟ مابكم؟؟.. أجيبوني!!!

قال زوجها: لا أريد أن أعكّر صفو سعادتك ونشوة نجاحك..

- قل.. قل بالله عليك.. ما الذي حصل ؟..

قال بحزن دفين: لقد عاد إليك عبد الله خائباً فاشلاً، لا يريد إكمـال دراسـتـه!! وعادت إليك أمل مطلقـة فاشلة في حيـاتها الزوجية.

- يا إلهي!! غير معقول!! ولكن لماذا؟ لماذا؟

قالت ابنتها بصوت مخنوق: لقد منعني زوجي من حضور حفل تكريمك، وحين رفضت وخرجت من الباب رغماً عنه قال لي:

لا أريد زوجة ستصبح صورة عن أمها، لا أريد لنفسي حياة تعيسة كحياة والدك!! أنت طالق..

تهاوت الأم على الأريكة.. انطفأت في عينيها كل معاني الفرح والظفر.. شعرت بالخيبة والتعاسة والخجل حين نظرت إلى عيني زوجها اللائمتين!! نظرت إلى ولدها عبد الله تستجديه أن يقول شيئاً يعيد إليها ثقتها بنفسها، ويبعد عنها نظرات الاتهام.. قالت له بحزن عميق:

– ولدي!! ألم أشق لأرسلك إلى الخارج لتكمل دراستك! ماذا فعلت لأستحق منك هذا الجزاء؟..

نظراته المعاتبة واللائمة كانت تقول لها:

– بل أرسلتني إلى الخارج لتتفرّغي لنجاحاتك!! لم تكوني يوماً قادرة على استيعابي وتحمّل مسؤوليتي!!

انكسرت نظراتها إليه.. قالت في سرها.. ليت عينيه لا تتكلمان!

نظرت إلى درعها.. مازالت تحمله بين يديها.. ربما كان حجّتها الأخيرة وبرهانها الأكيد على نجاحها.. شدته إلى صدرها، عانقته ثم أبرزته ليراه الجميع.. كأنها تقول لهم: انظروا دليل نجاحي فكيف تتهمونني بالفشل!!

اقترب منها ولدها .. قبل رأسها، جلس بين يديها على الأرض..
نظر إليها محباً معاتباً ثم قال:

- أمي العظيمة.. لا نحتاج درع نجاحك.. بل نحتاج يديك فارغتين حانيتين لنشقَّ بهما طريقنا إلى الحياة.. مديرتي الفاضلة.. نحتاج قلبك المضيء يدير لنا حياتنا وينير لنا دروب النجاح!!!

نظرت إليهم من خلال دموعها فرأت فيهم صغارها الذين يحتاجون إليها مهما صاروا كباراً..

ألقت الدرع على الأرض جانباً.. مدّت إليهم يديها خاليتين.. شدّت ولديها إلى صدرها وعانقتهما بحرارة!!

"المحترم"

في كل مساء حين يدخل المنزل، وقْع أقدامه يفعل فعل جرس الإنذار.. يهبّ الجميع واقفين متأهّبين لإلقاء التحية، قام ولده الأكبر وسلّم منضبطاً كعسكري مجند.. ثم قبّل صفحة يده بصوت مسموع، فقام من بعده إخوته مقلدين.. سألهم بصوت متّزن:

- أين أمكم؟

أجاب أحدهم: في غرفتها تتحدث بالهاتف.

- مع من؟

- لا أدري.

فتح باب الغرفة، دخل كعادته هادئاً واثق الخطوة، سلّمت عليه بحرارة، ثم استمرت في حديثها بالهاتف.. ضحكت من أعماقها وقالت بلهجة ساخرة:

- سامحك الله ياعبير.. يالك من زوجة مشاغبة!!

نظرت إليه، لاحظت ملامح وجهه الغاضبة، أغلقت سماعة الهاتف، قالت له وهي تمازحه:

– يا عاقد الحاجبين.. على الجبين اللجين – إن كنت تقصد قتلي، قتلتني مرتين.. قال غاضباً:

– ليس الوقت وقت مـزاح.. كم مـرة قلت لك إن الهاتف للضرورة وليس للثرثرة أو لتضييع الوقت.

حاولت أن ترضيَه بلمسة حانية، بدأت تساعده في خلع ملابسه، دفع يدها عن كتفه قائلاً:

– هل العشاء جاهز؟ أنا جائع..

نظرت إلى الساعة.. إنها تمام الثامنة والنصف.. وقت عشائه المعتاد.. نظرت إليه وهو يتحرك حركات مضبوطة موقوتة، تخيلته رجلاً آلياً مبرمجاً، ولكن ليس في برنامج حاسوبه وقت للضحك أو المداعبة..

تذكرت صديقتها عبير، غبطتها على الموقف الذي حدثتها عنه وعلى دعابتها لزوجها، لونت المائدة بأصناف متعددة، الجميع يأكل بشهية، يد زوجها تمتدّ من صنف إلى آخر، تلونت يداه واحمرّ وجهه إلا أن ملامحه ما زالت بلون واحد.. ملامح جامدة باردة، تمنّت لو يمتدح طعامها أو يذمّه.. أن يتكلم أو يعلّق.. عيناه

جامدتان فوق شاشـة التلفاز يستمع إلى أخبار العالم الملونة، إلا أن ملامح وجهه ما زالت بلون واحد.. قال لها صغيرها:

- ما ألذَّ طبخك يا أمي.. كم أحبه وأحبك..

ردت عليه بصوت مسموع:

- الحمد لله فيكم واحد على الأقل يقدّر مواهبي ويشجعني..

رنت إلى زوجها علّه يبتسم أو يعلّق.. ولكنه لم يفعل.. ضحكت فجأة، فـقد تخيّلت صورة وجهه في إحدى الصـحف وقد كتب تحتها: بدون تعليق.. نظر إليها متعجباً وكأنه يقول: ما الداعي إلى الضحك!!

في تمام التاسـعـة والنصف أدرك الجـمـيـع أنه قـد حـان وقت المحادثة.. بل المجاملة: أنت ماذا فعلت اليوم؟ وأنت ما الذي درسته؟ وأنت أين صرتِ؟ وكيف أمسيت؟ أسئلة عديدة يطرحها ويردّ عليها قبل أن يسمع كامل الإجابة.. بكلمات لا تتجاوز: أنت أخطأت، وأنت أصبت.. وأنت قصّرت... كلمات أضحت محفوظة موقوتة.. إجابات باردة خالية من الحياة أو الاهتمام.

نظرت الصـغـيـرة إلى السـاعة، قالت بصـوت أجشّ وهي تتـجه نحو غرفة النوم:

- هيا يا أولاد حان وقت النوم..

ضحك الجميع وقد أدركوا أنها تقلّد أباها.. تعابير وجهه الصارمة اغتالت ضحكاتهم البريئة من فوق شفاههم المتعطشة..

أطفئت الأنوار.. حان وقت واجبها الليلي.. إنه أقسى وأمرّ واجباتها، لأن زوجها علّمها أن تؤديه بمنتهى الجدّية والحزم، فليس في برنامجه وقت للمسة حب، أو لكلمة معسولة، أو لرسول معبّر.. قالت بعد أن سمعت صوت أنفاسه تتثاقل وهو يغطّ في نوم عميق:

– كم أنا متعطشة للحب.. كم أنا مشتاقة للحظات من "الرومانسية"

عاتبت نفسها بشدة.. قالت:

– يا ويحها امرأة الأربعين وهي تتحدث عن الحب!! ولكن.. ماذا يهمّ؟ ومتى كان نبض الإحساس مقصوراً على الشباب فقط؟

فكرت لحظة.. ثم سألت نفسها:

– كيف لم أتعوّد طبعه الجافي منذ عشرين عاماً؟.. ولماذا استيقظت عواطفي هذه الأيام؟.. ربما.. ربما لأن زوجي يزداد جفوة وقسوة يوماً بعد يوم، أو ربما لأنني امرأة.. وكلما كبرت شعرت بحاجة أكبر إلى دفء العاطفة وأنس المشاركة.. يا إلهي!! ماذا أفعل؟

هل عليَّ أن أبرمج نفسي وأجمّد مشاعري؟ هل عليّ أن أعامله وكأنني موظف صغير في دائرته الرسمية؟ هل عليّ ألا أجعل

صورته الموقرة تهتزّ حتى بين جدران غرفتنا الأربعة.. كم أحتاج زوجاً صديقاً.. يستمع إلى صوتي من داخلي ويعاملني كامرأة تتأجّج شعوراً. ارتفع صوتها.. كأنها تحدّثه مع أنها واثقة من أنه لن يسمعها، ليس لأنه نائم فقط، بل لأنه لم يسمعها في حياته.. قالت:

– لا أطيق الاستمرار في رحلة شاقة كهذه.. سأطلب منك غداً أن تسمعني.. أن تحاورني.. أن تناقشني.. سوف أطالب بحقي كزوجة!!

لم تتم في تلك الليلة.. صلّت فجرها ثم أسلمت نفسها لنوم عميق.. وحين استيقظت وجدته قد غادر إلى عمله، كيف لم تشعر به حين قام وصلّى ولبس وأفطر وقرأ الصحيفة.. إنها تحفظ برنامجه عن ظهر قلب.. بعد ساعات سيكون معهم ليتناول الغداء... لن تدعه ينام كعادته، ألا يحق لها أن تأخذ ساعة من وقته المبرمج!!

أغلقت خلفها باب الغرفة، قالت له بثقة وحزن عميق:

– أريد أن أناقشك في موضوع مهم.

– وما هو؟

– موضوع حياتنا.. عمرنا..

نظر إليها متعجباً مستنكراً ثم أجاب مختصراً:

- أرى أن هذا الموضوع لا يحتاج إلى نقاش، ليس في حياتنا ما يستحق المجادلة.

نظر إلى ساعته ثم قال: عندي موعد مهم في تمام الثالثة والنصف.. رجاء، أريد قسطاً من الراحة.

سألت نفسها: كيف يتمكّن هذا الرجل من النوم بهذه السرعة الفائقة؟.. كأنه يضغط زراً من أزراره الآلية فينام!!

تخيلت أن له أزراراً مختلفة.. واحداً للنوم وآخر للحركة.. وآخر للعمل وآخر للكلام!! ليتها تعلم سرّ جهازه هذا، فتضغط زرّ الكلام أو زرّ العاطفة.. إنها بأشدّ الحاجة إلى كمّ هائل من الثرثرة والعواطف.. ضحكت بصوت مسموع.. رفع الغطاء فبدت ملامح وجهه الجامدة حتى وهو نائم، كأنه يقول لها: اصمتي أيتها الثرثارة!!

خرجت من غرفتها شاحبة صامتة، وقد باءت محاولتها بالفشل، نظر إليها ولدها الأكبر، لم يعتد أن يراها بهذه الصورة.. كلمها.. سألها.. ولكنها لم تجب.. بقيت جامدة صامتة، قال لها معاتباً:

- ألا يكفينا صمت أبي؟

أشاحت بوجهها عنه فقال غاضباً:

- أنت اليوم تفعلين مثله.. هل سنفتقدك كما افتقدناه؟

كانت تحسب نفسها الوحيدة التي تفتقده، ولكن أولادها يشاركونها هذا الإحساس المرير، لم تعد المشكلة تخصّها وحدها.. بل تخصّهم جميعاً عليها أن تدافع عن نفسها، وعن بيتها، وعن أولادها.. عليها أن تطالب بحقوقهم بضراوة..

وقبل أن ينام زوجها في تلك الليلة فجّرت في وجهه قنبلتها الموقوتة فقالت:

- لن أستمر معك في حياة كهذه.. إما أن تجد حلاً لما نعانيه جميعاً أو سأترك لك البيت والأولاد..

- لماذا؟ ما المشكلة؟..

- لقد شرحت لك مراراً معاناتنا.. ولكنك تتجاهل.. أنا أريد زوجاً!! والأولاد يريدون أباً!!

- ومن أنا إذاً؟

- لست أدري.. نشعر أنك ضيف غريب.. ثقيل الظل.. شديد الوطأة.. لا تتعايش معنا، ولا تشاطرنا مشاعرنا وآلامنا.. وأفراحنا..

- لن أسمح لك بهذا الوصف أبداً.. الجميع يكلّمني باحترام.. والناس جميعاً يشهدون لي بحسن الخلق وإحكام الرأي والورع والتقى..

- أرجوك.. افهمني جيداً.. أنا لا أذمّ أخلاقك، ولا أطعن في دينك.. ولا أهدر كرامتك..أنا.. بل نحن نطالب بك.. نريدك معنا.. نحتاج لحظة حب.. لفتة حنان، عذب ابتسامة..

- آه فـهـمت.. تريدون منّي أن أترك عـملي وأن أتفـرّغ لكم، تريدون مني أن أبدوَ كالبهلوان لأدخل السعادة إلى قلوبكم!!

- لا.. ليس هذا مـا نريد..كيف أشـرح لك؟.. تذكّـر يا زوجي المحـترم أن سـيّد الخلق أجمـعـين كان خـير الناس لأهله وأكثرهم مداعبة وأنساً لأزواجه.. قاطعها بحدّة قائلاً:

- اصـمتي.. ليس مثلك من سيعلمني كيف كان سيد الخلق!! وهل أنت من سيشرح لي كيف أتصرف في بيتي!!

- كم أكره أن أشرح لك ما نريد .. أرجوك دعني.. لا فائدة من النقاش..

خرجت باكية كسيرة.. توقعت أن يأتيَ إليها ليمسح دمعتها أو يؤنس وحشتها لكنه لم يفعل..

وفي اليوم التالي لم يتغير شيء في حياتها، أوقاتها ومشاعرها مبرمجة حسب جدوله المدرج.. وفي المساء حاول أن يتلاطف مع أولاده فقال:

- يا أولاد.. اسمعوا آخر نكتة..

ألقى نكتة كأنه يذيع خبراً موجزاً للأنباء.. تصنّع الجميع الضحك، عدا الصغيرة قالت له:

- قديمة يا بابا.. الأفضل لو أخذتنا في نزهة صغيرة!!

عادت ملامحه إلى جمودها المعتاد.. جاء وقت النوم.. حان وقت العمل.. برنامج دقيق.. دوّامة لا تنتهي.. هوّة سحيقة تتسع لتبتلع البيت بأكمله.. بدأت تخشى على نفسها من الحرمان، وعلى أولادها من الضياع.. عليها أن تلقيَ بآخر سهم في جَعبتها وإن كانت لا تؤمن بهذا النوع من السهام.

اتصلت بأخيها على مسمع من الأولاد.. قالت له:

- أرجوك.. تعال وخذني إليكم.. أنا متعبة حائرة، وأحتاج إلى مساعدتكم..

عرف الأولاد ما نوته.. بكت الصغيرة بحرقة.. وغضب الكبير قائلاً:

- أعرف السبب.. أنا لا ألومك.. ولكننا لن نسكت.. لن ندعك طويلاً في بيت خالي.. أعدك يا أمي..

نظرت إلى ساعة الحائط قالت لأولادها وهي تضمّهم بين ذراعيها:

- بعد قليل سيكون أبوكم هنا.. رجاءً سلموه هذه الرسالة.. اقرؤوها واكتبوا عليها أسماءكم جميعاً:

"سيدي المحترم":

وقارك لا يعني الجمود والتبلد..

والتزامك لا يعني الكآبة والصمت..

ورجولتك لا تعني القسوة والجفاء..

زوجي العزيز.. والدنا الحبيب..

لن يكون زرعنا خائناً.. فإن زرعت حبك في أرضنا فلن ينبت في حديقة الجيران.. ولكن.. لن يكون زرعٌ دون حبك واهتمامك، نحتاجك بإصرار.

زوجتك وأولادك

" الغريبة "

زغاريد المدعوات وهي تودّع العروس اخترقت أذنيها بقسوة، فتحولت إلى صراخ وعويل.. دقات الدفوف انهالت كمطارقَ فوق رأسها الصغير.. الحفل يودّع العروس إلى بيتها الجديد، وهي تودّع آخر آمالها بأن تحتفظ بأبيها لها فقط.. دون غيرها من نساء العالم!!..

نعم.. إنه لها.. إنه أبوها.. بل أخوها وصديقها وحبيبها.. طالما استلقت بين ذراعيه هانئة سعيدة تستمدّ من صدره الحنون ما افتقدته من عطف أمها، إنه المحور الذي تدور حوله كل حياتها وكيانها ومشاعرها.. فكيف ستفقده اليوم؟ وكيف ستضمّ ذراعاه القويتان امرأة أخرى غيرها؟؟..

لا.. لا مستحيل.. أدرات رأسها كيلا تلاحظ دمعتها واحدة من الحاضرات، أسرعت إلى مائدة الطعام.. ابتلعت لقمة عريضة علّها تزدرد معها غصّة أليمة.. كادت تغصّ ثانية.. شربت عصيراً امتزجت دموعها القانية بلونه الوردي..

أفكار متزاحمة تطرق رأسها الصغير.. كيف ستعيش مع امرأة غريبة في بيت واحد؟.. كيف وافق أخوها وببساطة على فكرة زواج أبيه من ثانية بعد أمها التي ماتت في شرخ الصبا؟.. لماذا لم يرفض؟.

هل هذا من باب الوفاء لذكرى أمّ جميلة.. إنه زمن الغدر!!

عادت بصحبة إحدى القريبات إلى بيتها.. بل إلى بيت تلك الغريبة التي دخلت حياتهم على حين غِرّة.. دخلت البيت الفسيح.. أنواره مضاءة، رائحة البخور والعطور تنبعث من أطرافه.. لا تزال غرفة نوم أبيها مضاءة، كيف يسمح لنفسه أن يشاطر امرأة غريبة حياته وفراشه؟..

ولماذا رفضت تلك الغريبة أن تعيش في بيت مستقل بعيداً عنهم؟.. لماذا رفضت أن تسافر مع أبيها إلى ما يسمّونه شهر العسل؟.. كيف أقنعت والدها بأنها لن تسافر كيلا تتخلّى عن مسؤولية البيت والأولاد، ولو لأيام قليلة؟.. يا لتلك الكاذبة!! لابد أنها تخطّط لتنقض حياتهم من يومها الأول.. لذلك لم توفّر تلك الفرصة وألغت مشروع السفر.. قالت في عناد: سأكون لها بالمرصاد!! لن أسمح لها إطلاقاً!!.

اقتحمت غرفة أخيها الغارق في أحلامه السعيدة.. صرخت في وجهه، هبّ مذعوراً.. لمح في عينيها نظرات الرفض والاحتجاج.. سألها:

- مابك؟.. ماذا دهاك؟..

ردّت ساخرة: لا شيء.. لاشيء على الإطلاق.. أنت تنام قرير العين، وأمك تبكي في قبرها..

- ومن قال لك إنها تبكي؟.. إنها سعيدة لسعادة أبيك، أو ربما لوجود أم ثانية تعوضنا ما افتقدناه طيلة سنوات..

- ماذا؟.. أم ثانية !! إنها غريبة.. جاءت تسرق منا سعادتنا وأحلامنا الوردية..

- إنها طيبة ياسارة..

- بل خبيثة.. عرفت كيف تسرق قلب أبيك!!

- لا ياسارة.. لا تظلميها.. لقد وافقت على الزواج من أبيك لأنها لم تنجب في زواجها الأول، ولأنها وجدت فينا ما حرمت منه طويلاً... هذا ما قالته لنا مراراً...

- إنها كاذبة!! لا أصدق.. أنا لن أستسلم.. أنا قد أعلنت الحرب.

- أيّ حرب هذه!! هل نحن في ساحة معركة؟.. سارة.. أرجوك ادخلي غرفتك ونامي.. فالصباح رباح كما يقولون.

دخلت غرفتها ثائرة باكية.. أغلقت الباب بقوة شديدة.. لابد أن صفقة الباب أقلقت راحة زوجة أبيها في ليلة زفافها..لن تدعها ترتاح بعد اليوم!!

لم تنم سارة في تلك الليلة .. كوابيس مخيفة، أشباح سود ظللت مسرح أحلامها .. أصوات مخيفة رافقت أشباحها وكوابيسها .. صرخت صرخة قوية .. فتحت عينيها لتجد تلك الغريبة أمام سريرها .. أغلقتهما من جديد .. شعرت بحرارة يدها تلامس جبينها وتمسح عرقها البارد برفق وحنان .. سألت نفسها:

- كيف تحمل تلك اليد الغريبة ذلك الكمّ الهائل من الدفء؟

قالت لها بلهجة صادقة:

- سلامتك ياصغيرتي .. ما الذي أخافك؟ أهو كابوس؟

كادت أن تستسلم لرقّتها وتبكي بين ذراعيها إلا أنها تذكرت فجأة من تكون؟ .. أبعدت يدها بشدة .. ونظرت إليها نظرة ممزوجة بالسخرية والغضب ثم قالت:

- ابتعدي عني .. دعيني وشأني ..

أخفت سارة رأسها تحت الغطاء .. لا تريد أن تبصر وجه غريمتها .. غرقت من جديد في نومها المتقطع القلق .. بينما ظلت يد زوجة أبيها ترسم فوق رأسها ألواناً من الحب والحنان .. وظل صوتها الدافئ يخالط سمع سارة حتى ساعة متأخرة من الصباح .. يسكب حولها أعذب القرآن وأصدق الدعاء ..

نظرت سارة إلى تلك الغريبة وقد سرقها النوم وهي جالسة على الكرسي إلى جانبها.

حاولت أن تخترق ملامحها الهادئة إلى داخلها .. أن تقتحم كيانها وأعماقها، سألت نفسها: هل يمكن أن يكون داخلها صادقاً كملامح وجهها؟

هل يمكن لغريبة أن تعطيَها ما افتقدته طويلاً؟..

هبّت من سريرها ثائرة على ظنونها الساذجة، محاولة أن تستمر في معركتها ضد زوجة أبيها .. صاحت في وجهها:

- ماذا تفعلين في غرفتي.. هيا اخرجي..

تظاهرت زوجة أبيها بعدم السماع.. وقبل أن تخرج قالت بهدوء:

- الحمد لله .. أراك بخير..

أياماً متتالية اعتصمت سارة في غرفتها.. رفضت دعوة الجميع للخروج أو دعوتهم إلى الطعام.. صوت أبيها المشغول بزوجته الجديدة يناديها .. ولكن أين هو ليقاسمها شقاءها ووحدتها!! إنه كطفل فرح بدمية جديدة!!

لن تخرج من غرفتها .. لن تأكل.. لن تذهب إلى المدرسة.. لن تكلم أحداً.. لن يجبرها أحد على عمل لا تريده..

دخلت زوجة أبيها من جديد تحمل لها طعام العشاء... رفضته بشدة.. صرخت، ضربت الآنية بيدها فحطمتها.. أسرع الأب غاضباً يسأل عما حدث.. ردّت زوجته بهدوء:

- أنا.. أنا السبب.. كانت سارة نائمة.. سقطت الصحون من يدي فاستيقظت سارة فزعة وصرخت.. آسفة يا صغيرتي!!

نظر الأب إلى سارة معاتباً وقال: "دلع بنات" ثم انصرف، تمنّت لو جلس إلى جانبها، لو سألها عن سبب تصرفاتها.. أو عن سبب عدم ذهابها إلى المدرسة.. ولكنه لم يفعل.. لقد أكلت تلك الغريبة عقله!! نظرت إليها فرأتها جاثية على الأرض، تنظف ما تحطم من آنية الطعام.. شعرت بشيء من الندم يخالط مشاعرها الثائرة.. قامت من سريرها لتساعد زوجة أبيها فقالت لها:

- لا عليك يا صغيرتي.. لا تهتمّي.. سأحضر طعاماً غيره.. هل تقبلينه من يدي؟.

هزت سارة رأسها موافقة.. ربما دفعها إلى ذلك صدق نظرات زوجة أبيها ولهجتها الحانية.. أو ربما دفعها إلى ذلك جوعها الشديد!!

وفي اليوم التالي، ما زالت لمسات زوجة أبيها الحانية تلاحقها من جديد.. وصوتها الدافئ يقول لها:

- الأستاذة منيرة تطلبك على الهاتف.. من المدرسة!!

- من ؟ الأستاذة منيرة... من أين حصلت على رقم هاتفيّ؟

رفعت السماعة بيد مرتجفة.. فكرت في حيلة تسوّغ بها غيابها.. إلا أن الأستاذة منيرة قالت لها:

- سـلامـتك يا سـارة.. اتصلت بنا زوجـة أبيك وأخـبـرتنا عن سبب غيابك.. أنفلونزا حادة ألف سلامة.. الفصل من غيرك لا طعم له ولا لون.. كلنا نفتقدك في المدرسة ياسارة!! نحن غداً في انتظار عودتك.. إلى اللقاء..

اقتحمت سارة بعينها أسـوار قلب زوجـة أبيهـا.. يبدو أنها طيبـة!! إنها الوحيـدة التي تقف إلى جانبها في هذا البيت.. لم تيـأس.. لم تفقد الأمل.. قالت في سـرها: يا لتلك الغريمة!! كلما أشـهـرت سـيفاً من الحقـد والكراهيـة نحـوها، قابلتني بـتروس من الحب والحنان..

نامت ليلتهـا هادئة حـالمة.. مـا تزال تلك اللمسـة الحـانيـة تلاحقها من جديد:

- صباح الخير.. حان وقت المدرسة..

انطلقت سـعيدة.. أين ثوبها المدرسي؟ لقد اشتاقت إليه.. أين حقيبتها؟.. ها هي زوجة أبيها تحملها لها.. كأنها حارسها الأمين.. نظرت إلى المرآة.. شعرها أشعث.. لم تمشطه منذ أيام.. امتدت يد تلك الغريبة تمسح شعرها برفق، وقالت لها برجاء:

- هل تسـمحين لي أن أمشّط شعرك الجميل؟

تـرددت سـارة.. وقفت حائرة صامتة.. فقالت لها:

- أرجـوك ياسـارة.. أرجـوك لا تحــرمـيـني من أمـل انتظـرته طويلاً، لا تحرميني من مشاعرَ عشت عمري أحلم بها .. ياحبيبتي.. لا توصدي أمام أمومتي أسوار قلبك الصغير!!

وكشـلاّل هادر طال انحباسه.. انطلقت سارة، فدفنت رأسها وغمرت نفسها وقلبها بين أحضان أمها الجديدة..

" المليون "

كانت أكثر إخوتها ذكاءً وتألقاً.. تألّقت منذ صغرها، تميّزت، تفوقت في المدرسة، في الجامعة وفي العمل، كما تدفّقت نحوهم حباً ودفئاً رغم برودة مشاعرهم نحوها..

أسـرعت تعدّ طعـام العشـاء.. أصنافاً مـتعددة تناسب أذواق الجميع.. فبعد قليل سيجتمع شمل عائلتها في بيتها المتواضع..

عاد زوجها محمّلاً بأصناف من الفاكهة والحلوى، لم تكن في استقباله كعادتها، بحث عنها، دخل غرفتها فلم يجدها.. ناداها:

– أمينة.. أين أنت؟

سمع صوتها:

– أنا هنا في غرفة المكتب..

دخل الغرفة متسائلاً:

– وماذا تفعلين في مثل هذا الوقت؟

رآها غارقة خلف المكتب وقد تكدّست أمامها أوراق ومظاريفُ، سألها ممازحاً:

- لمَ كلّ هذه الأوراق والمظاريف..؟ كأن ساعي البريد قد ألقى إليك بجَعبته..

ضحكت وقالت له:

- إنها مفاجأة.. لن أخبرك إلا في المساء، وحين يحضر الجميع..

اقترب منها، أخفت الأوراق بيديها وقالت له:

- أرجوك.. لا تضيّع بهجة المفاجأة..

دُقّ جرس الباب.. دخل الجميع دفعة واحدة.. أسرعت تمسك يد والدتها، تقبّلها، تساعدها لتجلس فوق أقرب أريكة.. ثم قبّلت رأس أبيها، حاولت أن تساعده ليجلس فدفعها قائلاً:

- اتركي يدي.. أنا مازلت شباباً.. لست كأمك العجوز!!

ضحك الجميع.. تبادلوا التحيات والأشواق، ألقى سلمان أصغر إخوتها آخر ما لديه من طرف.. إنه آخر العنقود المدلل!! كانت بعض نكاته سخيفة، إلا أن والديها ضحكا له من أعماقهما.. قال زوجها مداعباً:

- آخر نكتة يا جماعة أن أمينة تُعِدّ لكم مفاجأة.

ردّ أخوها الأكبر عبد الله:

- أخشى أن تكون المفاجأة أن لا عشاءَ اليوم!!

التفُّوا حول مـائـدة الطعـام العـامـرة.. توقـفـوا عن الكلام والضحك، أكلوا بشهية متناهية فقال زوجها مبتسماً:

- عليكم الآن أن تلقوا النكات وعليّ أن آكل!!

ردّ الوالد:

- يا لك من صهر!! كيف نتكلم ولا أحد يجيد الطبخ كما كانت تجيده زوجتي إلا ابنتي أمينة.. طعام رائع.. سلمت يداك.

لحظات رائقـة تمطر سعـادة وحباً.. تشعّ صفـاءً ونقـاءً.. إنها أجمل أوقاتها حين ترى عُرى الألفـة والمحبـة تُحكِم وَثاق أسرتها الغـالية.. إنها تحبـهم جميعـاً.. تتمنى لهم كل خيـر.. كما تتمناه لنفسها تماماً..

تمطّى سلمـان وضـرب بكلتـا يديه على بطنه وقـال: لقـد امتلأت.. الحمد لله.

قالت له: هيا يا صغـيري.. هيا كل.. الملوخية خصيصاً لأجلك..

إنها تشعر كأنه ابنها.. إنها تدلله كأمها تماماً.. تشعر أن في رضاه رضى والديها عنها.. قدّمت له منذ صغره كل ما تستطيع،

غمـرته حبـاً ودلالاً ومالاً .. أعطته الكثيـر، فهو الصغيـر الأثيـر!! قال لها :

- والآن أين المفاجأة؟..

وقفت، استعدت للموقف.. قالت لهم:

- أنا مشغولة منذ شهر بحلّ مسابقات وألغاز جائزتها مليون ريال..

صاح الجميع:

- مليون ريال!! غير معقول!!

- صدّقوني.. لقد استطعت بعد جهد أن أفكَّ ألغازها وأن أجيب عن أسئلتها العلميـة والثقافيـة.. أنا متأكـدة من الحل الصحيح..

قال سلمان:

- إذن ستفوزين بالمليون ريال حتماً!!

أجابته بحدة:

- لا .. لا .. لـن يكون لي وحـدي.. لو حـصل وكنت الفـائزة لتقاسمتها بالتساوي معكم جميعاً.. لن أرضى أن يكون المليون لي وحـدي.. تصوروا!! لقـد كتبت باسم كل واحد منا عشـر إجابات صحيحة، ووضعتها في عشرة مظاريف، سوف أرسل ستين إجابة

صحيحة.. أي حسب قانون الاحتمالات ستكون فرصة الفوز لواحد منا أكيدة بإذن الله..

سألها عبد الله:

- هل أنت جادة يا أمينة.. ألا تمزحين؟

- لا.. لا.. أنا واثقة من إجاباتي.. على الأقل سيفوز واحد منا وسنتقاسم المليون..

قال سلمان معترضاً:

- ومن قال لك سنتقاسم الجائزة؟.. أنا شخصياً لو كانت من نصيبي لاحتفظت بها لنفسي، ولما أعطيت واحداً منكم ريالاً!!

قالت له:

- أنت تمزح.. غير معقول!!

أجاب بلا مبالاة:

- لا.. لا أمزح إطلاقاً.. هذا ما سأفعله!!

صمتت أمينة برهة، صدمتها أنانية أخيها الصغير.. أحزنتها.. ولكن هذا ما يُتوقَّع من شابّ لم يتعوّد حمل المسؤولية، تعوّد أن يأخذ من الجميع ولا يعطي أحداً!! أما أخواها الباقيان فهما مختلفان بالتأكيد، وأمها وأبوها وزوجها.. ترى ما موقفهم لو حصل

أحدهم على الجائزة؟ ترددت قبل أن تسألهم جهراً.. خطرت ببالها فكرة.. قالت لهم:

- ما رأيكم لو سألت كل واحد منكم -سراً- عما سيفعله بالمليون؟ عليكم أن تجيبوا بصدق وصراحة.. لا تخافوا.. لن أُفشيَ سرّكم!! ضحك الجميع فقد أعجبتهم الفكرة..

تقدّمت من أبيها سألته فهمس في أذنها وقال:

- سوف أتزوج من شابة تجدّد لي حياتي.. ولكن تذكّري.. هذا سرّ بيننا!!

نظرت إلى أمها مشفقة، تمنّت أن يكون غير جادّ كما تمنّت ألا يكون المليون من نصيبه.. سألت أمها برفق: وأنت يا أحلى أم.. همست الأم وأجابت دون تفكير:

- سوف أهدي المليون لسلمان، فهو الصغير الضعيف.. ولم يتزوج بعد!!

قالت لنفسها: يا إلهي!! كيف تؤثره علينا جميعاً.. ألسنا أولادها!! كيف تكسبه المال وتفقده محبة إخوته واحترامهم!!

نظرت إلى أخيها عبد الله.. إنه الكبير العاقل، هو من تعوّد حمل المسؤولية والبذل والعطاء... سألته بكل حب: وأنت يا عزيزي؟

طلب منها أن تقترب منه أكثر وقال بصوت لا يكاد يسمع:

- سأشتري بيتاً جديداً .. سأنفصل بزوجتي وأولادي عن أمك وأبيك، أنا متعب جداً من كثرة مسؤولياتي يا أمينة ..

يا إلهي!! لم تكن تتوقع هذه الإجابة!! مستحيل!! إنه متضايق من وجود أمه وأبيه .. يريد أن يتخلّى عن مسؤوليته نحوهما!! ليتها لم تسأله .. شعرت بدوار خفيف ثم برغبة في التقيؤ!! جلست والدنيا تدور من حولها .. نظرت إلى أخيها أحمد .. إنه أملها الأخير!! ربما كان أفضل من أخويه .. إنه صاحب ملايين، بالتأكيد سيتقاسم المليون مع الجميع .. لابد أن يفعل ليس من أجل المال .. بل ليشعل في نفسها بصيص أمل، وومضة خير!!

تقدم هو منها وقال: ألم يأت دوري بعد!! ثم قال هامساً دون أن تسأله:

- لو كسبت المليون فسيكون قد جاء في وقته المناسب تماماً .. أنا سأجري صفقة جديدة أحتاج فيها مليوناً وربما أكثر!!

شعرت بالدوار من جديد .. ليتها لم تسمع ما سمعت .. ليتها لم تسأل وليتهم لم يجيبوا!!

نظر إليها زوجها بحب .. ربما كان هو الوحيد الذي أدرك أنها متعبة، ربما لن يتخلى عنها لو ربح الجائزة .. ولكن ما يدريها؟ .. ومن يضمن لها؟ .. نظرت إليه ملياً همّت أن تسأله .. توقفت، لقد خافت من إجابته .. خشيت أن يطفئ في نفسها آخر ومضة حب وأمل .. اقترب منها هامساً .. أبعدته .. قالت له بحدة:

- أرجوك.. أرجوك لا تتكلم.. لا أريد منك إجابة!!..

أسـرعت إلى غـرفـة المكتب، جمـعـت كل الأوراق والمظاريف المتراكمة، حملت كلّ الإجابات التي تعبت فيها شهراً كاملاً.. ألقت بذلك الحمل الثقيل في المطبخ.. في سلة المهمـلات.. أشـعلت به النار لتأكله وتخفيَ معه الحقيقة.. نظرت إلى الأوراق وهي تحترق، تلمست قلبها الأبيض النظيف.. شعرت أن وهج النار ينتقل إليه.. إنه يحترق ويتّشح بالسواد!! بكت بمرارة.. مسحت دموعها بسرعة، خـافت أن يكتشف الجمـيع سرَ بكائهـا.. بل خـافـت أن يكتشفـوا حقيقة أنفسهم المريضة!! قالت في سرها:

- على الإنسان أن يعيش مغمض العينين في كثير من الأحيان لتستمرَّ الحياة.. عليه أن يخفيَ كثيراً من الحقيقة، أو لا يسأل عنها على الأقل حتى لا يتجرّع مرارتها..

حملت صينية الكنافة وضعتها أمامهم قالت:

- هذه هـي المفـاجـأة التي أعددتهـا لكم.. كـانت قصـة المليون مزاحاً!!

نظر إليها الجميع مشدوهين.. مدّت يدها لتأكل.. قالت:

- هيا تفضّلوا.. نحن بأشدّ الحاجة لحلوى نمسح بها مرارة أفواهنا!!

"إنّه يومها"

صباح مشرق كعادته يوم الإجازة.. وإن لم يكن مشرقاً فهو يبعث في النفس الإشراق والمتعة..

لا عمل اليوم.. استيقظت متأخرة علّها تعوّض بعضاً من النوم الذي افتقدته خلال أسبوع عمل متواصل...

حركة غير عادية في المنزل، أصوات لم تتعوّد سماعها في مثل هذا الوقت.. كيف استيقظ أولادها دون أن توقظهم كعادتها كل صباح؟ تمطّت، رفعت غطاء السرير، قامت وما يزال الإرهاق يشدّها إليه ثانية.. إنها تحتاج إلى راحة طويلة!!

فتحت باب غرفتها فلاحت لها وجوه حبيبة مشرقة تقف خلف الباب.. كأنها في انتظارها..

- صباح الخير يا أجمل وأرقّ أمّ في الدنيا..

عقدت المفاجأة لسانها، فلم تردَّ عليهم صباحهم الرقيق..

سألتهم:

- ما الذي أيقظكم باكراً؟ ولماذا تقفون جميعاً خلف الباب؟..

قالوا مجتمعين:

- لنقول لك صباحُ الخير..

انهالت على يديها ووجنتيها قبُلات حارة صادقة.. ولهجت ألسنة أولادها بالدعاء لها والسؤال عن صحتها وراحتها..

مشاعرُ فياضة لم تعهدها متجمّعة محتشدة بهذا الشكل من قبل!! تُرى ما الجديد في الأمر؟

رائحـة القـهوة تنبـعث من غـرفـة الجلوس.. من يتـقن إعـداد القهوة غيـرها في هذا البيت؟ غيـر معقول!! أغلقت عينيها ثم فتحتهما تكاد لا تصدق.. إنه زوجها يحمل صينية القهوة ويتقدم منها.. ينحني بأدب رفيع.. يقدم إليها القهوة مع ابتسـامة رقيقـة وعبارات معطرة قائلاً:

- صباحُ الفل و الياسمين..

تناولت فنجانها على استحياء.. كلماته العذبة عطّرت مذاق القهوة، فاحتست معها شذى الفل وأريج الياسمين.. قالت:

- الله.. أطيب قهوة تذوّقتها في حياتي.

رد الجميع:

- فيها العافية يا ستّ الكل..

عبارات حلوة.. أشهى من الشهد وأطيب من الحلوى.. وهنا تذكرت طعام الإفطار الذي يجب أن تعدَّه لهم.. كادت فرحتها بمشاعرهم الفياضة أن تنسيَها واجباتها اليومية.. أسرعت إلى المطبخ.. غير معقول.. طعام الإفطار جاهز!! إنه يوم المفاجآت!!

أسرع الأولاد يحملون الطعام إلى المائدة.. في خفّة ونشاط وهمّة لم تعهدها في أولادها من قبل!! تذكرت صباحها كلَّ يوم.. حين توقظهم وتعد لهم شطائر المدرسة الساخنة وحليب الصباح مع العسل، كما كانت تتلهف لمساعدة أحدهم.. أو لسؤاله إن كان يحتاج إلى مساعدة!! آلمتها المقارنة بين الأمس واليوم..

ولكن ما عليها!! إنهم اليوم مختلفون.. ربما سيبدأ أولادها عهداً جديداً طالما تمنته!!..

قبلتهم جميعاً.. شكرتهم بحرارة.. إفطار لذيذ، واجتماع حلو ينسيها مرارة أيام الأسبوع كله.. سألتهم برفق:

– ماذا تحبون أن أُعدّ لكم على الغداء؟ أنا مستعدة اليوم لكل طلباتكم يا أحبابي..

وحين بدأ أولادها يصنّفون ألذ أنواع الطعام لديهم، حسم والدهم الموقف وقال:

– لا.. لن تطبخي اليوم.. سأحضر لكم طعاماً من السوق.. دعوني اليوم أختار لكم طعامكم..

يا لها من مفاجأة سعيدة.. سبحان مغيّر الأحوال!! تذكرت يوم الجمعة الماضي حين طلبت منهم أن تجعله إجازة مفتوحة من أعباء المطبخ فرفضوا قائلين:

- نحن ننتظر إجازتك بفارغ الصبر لنملأ بطوننا بطعامك الشهي وأكَلاتك اللذيذة.

إنه حقهم، وإنه من واجبها أن تقضيَ إجازتها تعدّ لهم أشهى الأصناف.. كيف يتخلَّون اليوم عن حقهم المشروع؟

آلمتها المقارنة من جديد!! كيف أدركوا اليوم أن من حقها أن ترتاح؟

ولكن ما عليها.. إنها سعيدة بهذا الإدراك الجديد.. إنه ما كانت تتمنى منذ زمن بعيد.. قالت في سرها: لابد أنهم كبروا ونضجوا.. لابد أنهم أحسّوا هول معاناتي وجسيم عطائي..

اليوم تشعر أنها قوية فتية.. تستطيع أن تستمر في مشوار عطائها وأن تتابع المسيرة دون توقف!! لمست ساعدها فأحست فيه قوة جديدة.. كيف كانت تشكو منه ألماً أرّق عليها مضجعها ليلة أمس؟

أسرعت إلى الحمام.. قليل من الحنّاء ينشط فروة الرأس.. ويمحو آثار سنوات مضت..

طرقات أولادها المتتابعة بين دقيقة وأخرى أقلقت راحتها!!

سألتهم:

- ماذا دهاكم؟ لم تطرقون باب الحمام كل دقيقة؟..

ردت ابنتها:

- نسألك إن كنت تحتاجين شيئاً!! هل أدلّك لك رأسك؟ هل أغسله عنك؟..

سؤال غريب لم تعهده من قبل!! كم تمنت يوماً لو يسألها أحدهم هذا السؤال!! كانت أحياناً تشعر بحاجتها الماسّة إليهم، تناديهم.. ولا أحد يجيب!! لقد عوّدوها أن تعتمد على نفسها في كلّ أمورها.. وعودتهم أن يعتمدوا عليها في كلّ صغيرة وكبيرة.. لقد بذلت نفسها لتعطيَ الجميع ولا تأخذَ من أحد حتى القليل.. أن تذكر الجميع.. وألا يذكرَها أحد!! آلمتها المقارنة من جديد!!

ولكن ما عليها اليوم.. إنهم يذكرونها في كل دقيقة، ويشاركونها يومها المشرق هذا..

حاولت أن تجد تفسيراً لتساؤلاتها!! حاولت أن تقنع نفسها بإجابة مرضية تسعد قلبها وتحقق أملها المنشود فيهم..

- الحمد لله.. لقد كبروا ونضجوا.. ربما حان وقت عطائهم!!

لون شعرها المتألق مع بريق السعادة في عينيها المتعبتين أعادها إلى شرخ الصبا من جديد.. فجأة تذكرت...

يا إلهي.. إنها ما تزال تعمل منذ عشرين سنة.. لم تجمع ثروة.. ثروتها هم أولادها.. هم كل رصيدها في هذه الحياة!! لم تحرمهم يوماً شيئاً تمنَّوه.. ولم تمنعهم شيئاً تستطيع أن تقدمه لهم.. إنها تعمل من أجلهم!! تذكرت طلباتهم حين كانوا صغاراً.. كان أقصى ما يتمنونه لعبة جديدة.. أو حلوى لذيذة.. أما اليوم فمن كان منهم يطلب سيارة لعبة صار يطلبها حقيقة ومن نوع مميّز يعجبه.. ومن كان منهم يطلب دمية متحركة.. صار يطلب عروساً تعمل بحكم الزوجية!! ضحكت من أعماقها حين تذكرت طلب ولدها الكبير:

- أريد عروساً حلوة.. أريد بنت الحلال يا أمي..

لن تتوقف عن العطاء.. سوف تعمل على تلبية كل طلباتهم.. يكفي زوجها أن يطعم أفواههم الجائعة.. وأن يكسوَ أجسادهم الفتية.. وأن يعلّمهم ويلبيَ حاجاتهم المدرسية..

نظرت إليهم وهم يلتهمون طعام السوق بشهية.. سألت نفسها بدهشة كيف يستسيغونه اليوم؟ كيف لا يقولون لها كعادتهم: طبخك ألذّ وأطيب.. أشياء غريبة تدور في المنزل!! همسات رقيقة خافتة.. نظرات حانية.. قبلات سخية من الجميع.. ماذا دهاهم اليوم!! لابد أنها تحلم..

أخذت قيلولتها دون أن يترامى إلى سمعها صراخ صغارها وأصوات معاركهم المستمرة قالت في سرها:

- يا أحبابي.. لقد أصبحتم كباراً.. بدأتم تشعرون أنني بأشدّ الحاجة إلى الراحة.

وفي المساء، تحلّق الجميع حولها، أحاطوها بحبهم الزائد وغمروها برعايتهم الفريدة.. قالت لهم:

- يكفيني حباً ودلالاً.. هيا إلى دروسكم وواجباتكم المدرسية.

وكم كانت دهشتها عظيمة حين أقسموا أنهم انتهَوا من كل واجباتهم ليلة أمس.. إنها تكاد لا تصدق!! يا له من تقدم رائع كانت تتمناه وترجوه منذ زمن طويل..

مضى يومها هذا سريعاً.. تمنت لو لم يأت الليل.. خشيت أن تستيقظ صباح اليوم التالي على حقيقة مُرّة!!

اقترب منها ولدها الكبير.. قبل رأسها ويديها.. انحنى مع إخوته.. رفعت رؤوسهم عالياً.. قبلتهم ولكن ما تزال نظرات التساؤل والدهشة توزعها بينهم!! قال ولدها وهو يقدم لها علبة صغيرة أنيقة:

- هدية رمزية يا أمي.. اشتركنا جميعاً لنقدمها لك عربون حب وعرفان..

تلعثمت..ارتبكت.. كأنها عروس يفاجئها زوجها بهدية الزفاف!!.. سألتهم:

- ولكن ما المناسبة؟

أجابوا فرحين..

- إنه يوم الأم.. إنه يومك يا أغلى أم...

عقدت لسانها المفاجأة.. لم تشكرهم على هديتهم كما هي الأصول.. وكما يقتضي الواجب!! لم تفرح.. لم تبتسم.. تجمّدت ملامح وجهها، قلبت عينيها بينهم ثم بكت.. بكت بحرقة..

لم تكن دموعها دموع سعادة وقد حسبها الجميع من حولها كذلك!!

إنها دموع الخيبة والألم!!

لقد خاب ظنها في أولادها.. نظرت إليهم وقالت في سرها:

- هل يكفيني منكم يوم واحد في السنة!! أرجوكم.. لا تستوردوا بركّم من عادات الغرب الغريبة.. لا تنسَوني عاماً وتذكروني يوماً!!

مسح الجميع دموعها السخيّة، والتي ما عرفوا حقيقتها!! غمروها بقبلاتهم.

أشرق صباح جديد.. وبدأ يوم عمل جديد.. البيت ساكن هادئ.. الجميع نيام.. عليها أن توقظهم.. أن تعدّ ملابسهم المدرسية.. أن تحضر لهم شطائر المدرسة الساخنة، والحليب

الممـزوج بالعسـل.. سـوف تنسى شطيـرتها كالعـادة.. عليـها أن تنسى نفسها في زحمة الواجبات والأعبـاء.. وأن تعطيَهم جميعاً.. عليها أن تستمرّ في العطاء إلى ما شاء الله!!!

"المراهقة"

رمت حقيبتها المدرسية في زاوية الغرفة، ثم أرخت جديلتها الثائرة بعد أن أعتقتها من شريطة بيضاء، فانطلق شعرها كشلال هائج وغطى وجهها وكتفيها ..

خلعت ثوبها المدرسي.. وارتدت بنطالها المفضل وقميصها الملوّن، أطلقت العنان لنفسها مع أنغام صاخبة، فاهتزّ جسدها وثار كثورة شعرها ونفسها .. إنها بركان يغلي!!

أخشى أن ينفجر في أي لحظة!!

طرقت باب غرفتها قبل أن أدخل.. فجلست متظاهرة بالهدوء.. وقلبها يخفق بين ضلوعها .. قبلت يدي بسرعة متناهية وقالت دون تكلف:

- أهلاً ماما .. أهلاً ..

حين سألتها عن المدرسة لوت شفتيها وقطبت جبينها وقالت:

- أفّ.. المدرسة.. المدرسة.. حياتنا كلها مدرسة.. لست أدري من اخترع المدرسة؟

- لماذا؟

- كي أقتله!!

قلت لها متظاهرة بعدم الاهتمام:

- بإمكانك ألا تذهبي إليها.. سأكسب مساعدة في المنزل!!

- ومن قال لك إنني لا أريد المدرسة؟؟ كيف أقضي حياتي من غيرها.. ولكن!! أوه.. لست أدري ماذا أريد يا أمي.. أشعر أن رغباتي تتغير كما تتغير ملابسي!! وتتقلّب كما يتقلّب الجو!!

قطعت عليها حديثها وقلت:

- هيا.. الطعام جاهز.. إخوتك ينتظرونك يا سارة..

وقفت صغيرتي أمامي مشدودة متوترة.. لاحظت للمرة الأولى أن طولها قد تجاوزني!! وأصبحت بحاجة إلى أن أرفع رأسي حين أكلمها.. غمرتني سعادة عارمة.. إلا أنها فارقتني بسرعة حين سمعت ابنتي تقول بصوت لا يكاد يسمع:

- إنك تعجزين عن محاورتي دائماً يا أمي.. كم أكره القيادة المتعجرفة والأوامر الصارمة!!

حـول المائدة تحلّقت الأسرة.. مـلأت لهـا صـحنها بطعـامها المفضل كما سكبت في عينيها نظرات حبي وتسامحي وكأنني أقول لها :

– لا بأس يا صغيرتي.. غداً ستكبرين وتفهمين.

وبعـد أن فـرغت من طعـامـهـا طبـعت على وجهي بطاقـة حب واعتذار وقالت:

– ألذّ طعام من أطيب ماما..

بعد ساعات أيقظتها لنصليَ العصر.. لمحت في عينيها نظرة رضا وهدوء... وكأن صفاء نفسها انعكس على صفحة وجهها .

وحين فرغنا من الصلاة قالت لي:

– هل تسـمـحـين لي أن أذهب إلى صـديقتـي لولوة.. سـوف ندرس معاً..

– لا يا ابنتي.. أنا لا أحب الدراسـة الجمـاعـيـة.. كـمـا أن لولوة..

قاطعتني فجأة..

– أنا لا أفـهم لم لا تؤمنين بالصداقـة!! ولماذا لولوة بالذات.. لأنها تعـشق الحـرية والحـيـاة.. أم لأن أهلها يسـمـحـون لها بحـرية التصرف والاعتماد على النفس؟

- ومن قال لك يا ابنتي أنني لا أؤمن بالصداقة الطيبة!! أو أنني أكره الحرية والاعتماد على النفس!!

- لماذا تمنعينني إذاً؟؟

- لأن دراستك منفردة تساعدك على التركيز والتحصيل أكثر.. كما أن مستوى لولوة الدراسيّ المتدنيّ يجعلها تحتاج إلى مساعدتك.. ولا وقت لديك.. غداً اختبار يا سارة..

مسحت رأسها بيد حانية وقلت لها:

- سوف أدعك تدرسين معها في وقت آخر.. أعدك بذلك..

قالت ونبرة صدق ترافق صوتها:

- أشعر أنني عاجزة عن فهم رأيك يا أمي.. إلا أنني أومن بأنك تريدين لي كل الخير..

عانقتها بحرارة.. وشددتها إلى قلبي.. أحسست بها طفلة صغيرة تحتاج أن تضع رأسها في صدري.. نظرت إلي وقالت:

- أشعر أحياناً أنني طفلة أحب أن أسمع منك حكايات الطفولة، وأشعر أحياناً أخرى أنني كبيرة ناضجة تعرف طريقها في الحياة ولا تحتاج إلى نصح أو إرشاد..

- ومن قال لك يا صغيرتي أن الكبير لا يحتاج إلى نصح أو

إرشاد.. أنا أمك بأشد الحاجة إليك وإلى نصحك.. فكيف حاجتي إلى من هم أكبر منك سناً وأكثر خبرة!!

- كم أنا محظوظة بك يا أمي..

حين جلست صغيرتي تدرس بهدوء واطمئنان.. حمدت الله وسألته أن ينير قلبها بالإيمان والسكينة.. وأن يزين شبابها المتفتح بحسن الخلق.. نظرت إليها فإذا هي سارحة في عالم بعيد لم أدرك مداه.. لابد أنها تحتاج إلى كأس من العصير أسرعت به إليها، وضعته على مكتبها.. ارتعدت وخافت.. أخفت ورقة بين يديها.. وحين نظرت إليها معاتبة.. رفعت يديها عن الورقة فرأيت رسوماً مختلفة لم أتبين منها سوى قلب كبير وقد أصابه سهم الحب.. وهو يقطر دماً.. أحاطت رسومها بعبارات حب وعناوين أغانٍ دارجة، وآهات محبين حارة.. مسحت رأسها برفق وقلت:

- رسومك جميلة ومعبرة.. لماذا تخفينها!! الحب.. إنه أجمل ما في الحياة.. إنه أثمن نعمة أهداها الله للبشرية..

نظرت إليّ خائفة.. كأنها لا تصدق ما تسمع.. فقلت:

- لولا حبي لك يا سارة ولإخوتك.. لما استمرت حياتنا.. ولولا حبي لأبيك ما كانت أسرتنا الصغيرة.. ولولا حبُّك الذي سوف يثمر في الوقت المناسب وفي موسم العطاء، لن تبني أسرة ولن تُسعدي

أحداً.. ولولا الحبُّ الأكبر والأعظم لما عرف الناس سعادة الدنيا ولا الآخرة..

- الحب الأكبر.. أي حب أكبر وأعظم مما ذكرت؟؟

- إنه حب الله وطاعته.. نعم إنه حب الله.. لنبدأ معاً من هذا الحب العظيم.. فمنه كل حب وسكينة وسعادة..

لمحت في عينيها نظرة رضا واقتناع.. وومضة إيمان صادق.. ألقت بنفسها بين ذراعي.. عجزت يداي عن حملها.. ولكن قلبي عانقها وأحاط بها من كل جانب.. مسحت على صدرها وقلت:

- اللهم اجعل القرآن ربيع قلبها، ونور صدرها وهَدي طريقها يا رب!!

"طموحات أنثى!!"

همـسـات الموظفـات من حـولهـا كـانت تتنـاهى إلى سـمـعـهـا فتتظاهر بعدم الاهتمام والبرود .. نظراتهن المتسائلة والحائرة كانت تلاحقها من مكان إلى آخر، فتسدّ أمامها السبل وتعكّر صفو عملها المقدس .. قالت في سرها:

- لا يهمّ .. لن أضـعـف .. لن أتخـاذل .. لن يخـرس تلك الألسنة الطويلة، ولن يطفئ لهيب تلك النظرات المتقدة إلا العمل!!

نادت "سكرتيرتها" ابتلعت غصتها وقالت:

- ما هي مواعيدي اليوم؟ .. وما هو برنامجي؟ ..

قالت لنفسها:

- يا إلهي .. إنه يوم مليء مزدحم!!

هل عليـهـا أن تقـابل كل هذا الكمّ الهـائل من الموظفـات والمراجعات والعاملات؟؟ هل عليها أن ترسم على وجهها ابتسامة مصطنعة طول ذلك اليوم؟؟ .. كيف لها أن تواجـه كل تلك الأحداق

المتسائلة.. أو ربما الشامتة!! أغلقت باب غرفتها.. طلبت من العاملة فنجاناً من القهوة..

– رجاءً بدون سكر..

– ولكنكِ تشربينها عادة بالسكر!!

– قلت بدون سكر وبدون مناقشة أيضاً!!

أقفلت باب الغرفة.. ثم أوصدته بالمفتاح.. تذكرت أنها لم توصد بابها منذ عشرين سنة!!

أغمضت عينيها وألقت برأسها المثقل فوق مكتبها وغرقت في بكاء مخنوق.. انهمرت دموعها الحارة فوق أوراقها المتكدسة على المكتب الفخم.. مسحت دموعها بسرعة، خافت أن تطرق بابها إحدى الموظفات.. اعتدلت في جلستها.. تجلّدت.. رسمت على وجهها المتعب ملامح الحزم والوقار..

إنها لم تنم في تلك الليلة.. بل لم تنم منذ ليالٍ متتالية.. منذ أن علمت بالخبر!! منذ أن تلقت تلك الضربة القاضية -كما يقولون- أغمضت عينيها من جديد.. عادت إليها الصورة نفسها التي تلاحقها دوماً.. صورة أمها الوديعة، التي كانت ولا تزال تثير في نفسها الشهية إلى التسلّط والتجلد!! صورة أمها الضعيفة المسكينة التي كانت وما تزال تدفعها إلى القوة والعدوانية!! صورة أمها غير المتعلمة وغير المنتجة التي دفعتها إلى

نيل شهادتها فوق الجامعية، وجعلتها تتعلق بالعمل إلى درجة غير معقولة!!

كان عملها ولا يزال حياتَها.. وهذا النجاح التي هي عليه الآن كان غاية عظيمة سعت إليها طويلاً.. إنها لا تؤمن بأنصاف الحلول!! لذلك رفضت أن تكون زوجة وربّة بيت حين تقدم إليها العريس المناسب وخيَّرها بين العمل والزواج.. اتهمته بالتسلط وتساءلت كيف يمكن لرجل غريب أن يقرّر مستقبلها المهني وحياتها الوظيفية!!..

وحين تزوجت ممن رضي لها بالعمل وطلب منها أن توفّق بين طموحاتها كامرأة عاملة وبين واجباتها كزوجة وأم لطفلين؛ اعترفت بعجزها عن حلّ تلك المعادلة الصعبة، وأعلنت وبكل صراحة أن عملها هو الأهم، وأنها لن تتنازل في يوم من الأيام عن طموحاتها الكبيرة..

نظرت إلى مكتبها الفخم.. بدأت تسأل نفسها:

- من المسؤول عما حصل؟؟.. هل أنا المسؤولة؟؟..

أبعدت عن ذهنها هذا السؤال، واعتبرته ضعفاً طالما رفضته في حياتها.. فكيف تقبل به اليوم؟؟..

عاد السؤال يحتلّ مساحة عقلها من جديد وبأسلوب آخر:

- هل كانت طموحاتي وآمالي العريضة هي السبب؟؟..

تذكرت كلمات ابنها قبيل سفره حين همس في أذنها:

- أمي.. أرجوك.. خلّي بالك من بابا، اهتمّي به.. تفهّمي مشاعره ومطالبه الصغيرة..

شعرت بالألم لأنها ودّعت ولدها بنظرات من الاستنكار والغضب وكأنها تقول له:

- أيها المتطفّل!! ما دخلك أنت في حياتي؟؟..

تذكرت صغيرها المدلل.. أدركت أنه ليس صغيراً.. بل هو يعيد الثانوية للمرة الثانية!! يا إلهي!! كيف لم تدرك قبل اليوم أنه يجب أن يكون وشيك التخرج من الجامعة؟

سألت نفسها:

- كيف يفشل ابنها في دراسته وهي امرأة ناجحة ومديرة من الدرجة الممتازة..

أحست بالتخاذل والقهر!! لم يقهرها شيء في حياتها كهذا السؤال!!

سألت نفسها:

- وهل ابني هو الوحيد الفاشل؟؟ وأنا.. أين أنا من النجاح؟.. أين أنا من الأمومة؟؟.. بل أين أنا من الأنوثة؟؟..

أخرجت المرآة من محفظتها.. وجدت صعوبة في إيجادها بين كميّة من الأوراق المختلفة.. نظرت إلى وجهها المتعب المكفهرّ.. عاودها شعور بالتخاذل والقهر!! تذكرت صورة زوجها المتصابي الجديدة!! تذكرت كيف لوّن شعرات رأسه البيضاء بإتقان!! وابتلع كرشه المعهود بمزيد من الرياضة والمشي!! تذكرت حركاته الشبابية أو ربما الصبيانية!!

كانت دائماً تهدئ من روع تساؤلاتها وشكوكها، وتطمئن نفسها القلقة لتقرر أن هذه مرحلة طبيعية يمرّ بها أكثر الرجال بعد الأربعين!! وكانت واثقة بكل قوة وعناد من أنه سيعود إلى طبيعته وتوازنه النفسي قريباً..

كيف لم تدرك خطورة الموقف؟ هل أعمتها نجاحاتها في حياتها العملية؟.. هل أضلّتها شخصيتها القوية العنيدة؟.. هل كانت بحاجة إلى خبر ينزل فوق رأسها كالصاعقة كي تعيد حساباتها من جديد؟؟

إنه اليوم خطيب متأنق.. وسيصبح بعد أيام قليلة زوجاً متصابياً لفتاة تعرفها جيداً.. وتعرفها جميع الموظفات في دائرة عملها.. فتاة في عمر أولادها!! فتاة ترضي رغبته الدائمة بزوجة مطيعة وديعة، وبأم متفرغة أنثوية!!..

هل يمكن لها بعد عشرين عاماً من العمل المتواصل أن تتقن هذا الدور الذي تمنّاه زوجها طويلاً؟؟.. هل يمكن للعطّار أن يصلح

ما أفسده الزمن؟.. وهل بإمكانها أن تستعيد زوجها، وأن تنجح في حلّ تلك المعادلة الصعبة وتستطيع التوفيق بين عملها وبيتها!!

تساؤلات عديدة قطعتها أصوات طرقات على الباب..

أعادت بسرعة إلى وجهها قناع القوة والتجلد والتسلط الذي لبسته منذ زمن بعيد! فتحت الباب.. إنها العاملة وفنجان القهوة المرة.. ثم تلاهما سيل من الموظفات والمراجعات..

غرقت من جديد في هذا الخضمّ الذي عشقته وتمرّست بالسباحة فيه.. ولكنها اليوم تدرك تماماً أنها بحاجة إلى قشة صغيرة، تتعلق بها فتنجيها من الغرق..

"خريف يتلوه خريف"

قامت من سريرها متثاقلة متعبة.. صوت أمها المتهدج يناديها..

- نورة.. صديقتك على الهاتف..

نظرت إلى ساعة الحائط.. إنها تمام الحادية عشرة صباحاً.. الوقت متأخر ولكن لم تصحُ مبكرة؟ لا شيء يدفعها إلى ذلك، مشت بطيئة نحو غرفة الجلوس، أمسكت سماعة الهاتف ورسمت على وجهها ابتسامة مصطنعة:

- أهلاً.. أهلاً.. صحيح!! ألف مبروك.. الحمد لله على سلامتك..

وضعت سماعة الهاتف ثم تسمّرت في مكانها دقائقَ عديدة.. وقد خلا وجهها من أي تعابير.. وتجمّدت الكلمات فوق شفتيها.. ثبتت نظرها في زاوية الغرفة فأضحت صورة فوتوغرافية خالية من الحياة.. تحركت الصورة الجامدة فجأة حين أحست بيدي أمها الباردتين فوق ظهرها:

- نوره.. مابك يا ابنتي؟؟ ماذا قالت لك صديقتك؟

- لاشيء يا أمي.. خيراً.. لقد وضعت صديقتي فوزية طفلها الخامس.. ما شاء الله إنه ولد..

قالت الأم ببرود: مبروك.. مبروك.. ولكن هل ما تزال فوزية تتجب؟ أعتقد أنها تجاوزت الأربعين عاماً.. إنها في مثل سنك تماماً يانورة!!.. فجأة.. تغيرت ملامح نوره الجامدة ودبّت في وجهها تعابيرُ ثائرة.. وكأنما صفعتها كلمات أمها هذه وضربت بالحقيقة في وجهها دون لفّ ولا مواربة.. أجل.. إنها في نفس عمر صديقتها فوزية! وها هي تتجاوز الأربعين خريفاً.. خريف يتلوه خريف.. دون أن تبصر ربيعاً.. أو تتعش قلبها نسمة صيف باردة.. أو لفحة شتاء قارسة.. قامت مسرعة فزعة.. كأنها تهرب من حقيقة تلاحقها منذ زمن..

دخلت غرفتها، فتحت النوافذ بحركة آلية، فتسللت أشعة الشمس وتناثرت في أرجاء الغرفة.. فبدا وجه نورة أكثر وضوحاً.. حملقت في وجهها في المرآة.. كأنها ترى نفسها للمرة الأولى في حياتها.. تلمّست شعرها فرأت خيوطاً بيضاء رفيعة تشقّ ليله الأسود.. مسحت جبينها فلمست تجاعيد جديدة تبدو واضحة فتكشف حقيقة عمرها.. انكبّت فوق سريرها.. ألقت برأسها المثقل فوق وسادتها الناعمة.. إلا أنها أحست مساميرَ تؤرّق مضجعها.. وشعرت أن هناك مطارقَ تدقّ رأسها.. لا بد أنها الحقيقة.. نعم

إنها الحقيقة.. إنها عانس.. هذا ما قالته لها زوجة أخيها حين وصفت نفسها أمام مجموعة من النساء بأنها ما تزال آنسة.. لم تتزوج بعد.. فصححت لها زوجة أخيها المعلومة وقالت: بل قولي عانس!!

حقيقة مرة عليها أن تتجرعها.. ابتلعت ريقها بعد أن غصّت به.. وحاولت أن تعود بذاكرتها إلى الوراء عشرين عاماً.. لا بل أكثر.. حين كانت جديلتها تتراقص فوق كتفيها، وهي تحمل حقيبة كتبها.. حين بدأ قلبها الصغير يعزف أولى ألحان الحياة.. رأت في ابن عمتها فارس أحلامها المنتظر.. وحين تقدّم لخطبتها.. رفض أبوها الفكرة تماماً.. وقال لعمتها: إنها ما تزال طفلة صغيرة.. إنها في المرحلة الثانوية وعليها أن تكمل تعليمها!!

أوصدت قلبها للمرة الأولى في حياتها أمام أصداء العاطفة ونداء الفطرة.. وحين فكرت بعقلها وقبلت الزواج من المتقدم الثاني ورأت فيه ما يرضي نفسها من دين وخلق وعلم.. رفضه والدها رفضاً قاطعاً وقال لها: ماذا يفيدني رأسه المحشوّ بالعلوم إذا كانت جيوبه فارغة خاوية!! المادة عنصر أساسي في الحياة الزوجيّة يا ابنتي!!

أوصدت قلبها وعقلها للمرة الثانية، حين رفض والدها ذلك الخاطب.

وحين طرق الغنيّ بابها .. بجيوبه الملأى وبدفتر شيكاته المحترم.. احتاجت أن تسنده أمام الباب كيلا يقع!! فقد كان عجوزاً ضعيف البصر.. محنيّ الظهر.. ووقف خلفه ولده الكبير فقد جاء مرافقاً خاطباً لأبيه!!..

أوصدت قلبها من جديد .. ورفضت العريس المتصابي رفضاً قاطعاً .. وجلست تنتظر صاحب الحظ السعيد..

وكم كانت صدمتها كبيرة حين خطبتها الجارة إلى أخيها الأرمل صاحب العيال الستة.. وحين رفضته قالت لها الجارة بكل صراحة: إنه الرجل المناسب لفتاة مثلك تجاوزت الثلاثين، مات أبوها وتعيش مع أمها في بيت أخيها المتزوج.. ثم قالت: يا ابنتي!! الحياة مع أرمل أفضل من العيش تحت ظل الأخ وسيطرة زوجته!!

حقيقة مُرّة عليها أن تتجرّعها ثانية.. أمها غاضبة ثائرة.. تتهمها بالعصيان، وعدم الرضى بالقسمة والنصيب، وأخوها يعتبرها أنموذجاً للمرأة المتمردة.. ويقول عنها إنها لا يعجبها العجب ولا الصيام في رجب!!

ورغم ذلك كله فهي مضطرة للعيش مع أمها في كنف أخيها الأكبر وفي ظل حمايته ورعايته!! أولاد أخيها يملؤون قلبها حباً وحناناً.. وكأنها تعوض بحبهم ما افتقدته من أمومة منتظرة.. أحاطتهم بأسوار من الحب والرعاية والاهتمام، فأسَرتهم بقيود

حبها العظيم.. فاتهمتها زوجة أخيها بتدليل الأولاد وإفساد تربيتهم وتعطيل مداركهم، وإبعادهم عن تحمل المسؤولية والاعتماد على النفس.. إنهم جميعاً متآمرون عليها.. يريدون حرمانها حتى من أبسط حقوقها في الحياة.. يريدون سلبها حقها في الحب والعطاء... نظرت إلى ساعة الحائط.. إنها تمام الثانية بعد الظهر.. لم يطرق باب غرفتها أحد.. ولم يسأل عنها شخص في هذا المنزل الكبير المتباعد الحجرات.. قامت مسرعة وقد استجمعت قواها من جديد.. غسلت وجهها.. فتحت خزانة الملابس أختارت أجمل أثوابها.. ارتدته بسرعة.. وقفت أمام المرآة.. مسحت بيدها تحت عينها لتخفيَ سواداً يفضح حقيقة عمرها.. لوّنت وجهها بألوان مختلفة زاهية.. تنافس ألوان ثوبها الربيعي المزهرة.. رشّت عطرها المفضل حول رقبتها وجمعت خصلات شعرها بمحبس ذهبي ثم سمحت بخصلة واحدة أن تتدلى فوق جبينها.. لبست أجمل ما لديها من حليّ ومصاغ.. كل ذلك لتطمس معالم الحقيقة المؤلمة.. نظرت إلى نفسها بثقة وإعجاب... من يقول الآن إنها ليست في عمر الربيع! من يقول الآن إنها ليست آنسة عذراء تنتظر فارس أحلامها فوق حصان أبيض.. أو في سيارة بيضاء... أو مشياً على الأقدام.. وحيداً فارغ الجيوب.. أو غنياً برفقة أولاده يخفي بدفتر شيكاته كل العيوب.. فأهلاً به كيفما كان !!..

خرجت من غرفتها كأنها أسيرة فتحت باب سجنها وانطلقت بحرية!!

دخلت غرفة الجلوس.. اتجهت أنظار الجميع إليها.. نظرات تعجب واستنكار.. أعادت نظراتهم القيود إلى معصميها فأسَرتها من جديد!!

لماذا يحرّمون عليها أن تتنسّم أنفاس الربيع وهي في خريفها المكتئب.. لماذا يحيطونها بالأسوار ويغلقون في وجهها كل نوافذ الأمل!!

نظرت إليها أمها وفغرت فاها دون أن تتكلم.. أما زوجة أخيها فقالت لها ساخرة:

- مـا هـذا الشكل المتكلَّف يانورة.. أمـا ترَين أن ثوبك وألوانك الصارخة غير مناسبة لفتاة في عمرك!!

أمـا أخوها الذي كان يتناول طعام الغداء بشراهـة ونهم.. فقد توقفت اللقمات في فمه وقال:

- لم كل هـذه المبـالغـة في الزينة؟ هل تنوين الذهاب إلى زيارة خاصة؟ ودون أن ينتظر منها جواباً قال:

- لا يمكنك الخـروج اليـوم.. عليك أن تسـاعـدي زوجتـي في إعداد طعام العشاء فاليوم عندي ضيوف مهمون جداً..

فجـأة عـادت خطوط الأربعين سنة وارتسـمت فـوق صفـحـة وجهها بوضوح، وعادت إليها رياح الخريف عاتية فأسقطت آخر ورقة خضـراء من نضـارتها، فاستحالت الألوان الزاهية حـولهـا إلى

أوراق خريف صفراء توحي بالنهاية .. فأدارت ظهرها .. وخفضت رأسها .. عادت إلى غرفتها تلفُّها الكآبة ويحدوها الألم.. دمعة حارة ترجمت كل ما بداخلها دون أن تتكلم.. فإذا بيد صغيرة غضّة نديّة تمتدّ إلى صفحة وجهها .. تمسح دمعتها وتقول بصوت طفوليّ رائع:

- عمة نورة.. لماذا تبكين وأنت جميلة جداً اليوم..

ليتك كنت ماما ياعمة نورة.. ليتك كنت ماما!!

"عيد سعيد يا أَبَتِ"

دوّت أصـوات في أرجـاء القريـة الوادعـة المسـالمة، النائمـة في أحضـان السـفح الجبلي الأخضـر.. ارتجف قلب الصبيـة الصغار، التفُّوا بعضهم حول بعض، قال أكبرهم:

- لا تخافوا.. إنه صوت مدافع رمضان..

تتاثروا متباعدين وصرخوا بفرحة وسرور:

- هيه.. رمضان مبارك.. رمضان كريم.

عادت أمهم محمَّلة ببقايا موائد طعام الأسرة التي تعمل لديها، وببـعض الحلوى اللذيذة التي يحبـونها وينتظرونها مسـاء يوم الخميس، حيث يسـهر الكبار، وتعمر موائدهم بما لذّ وطاب!

أسـرعوا إلى صرّة الطعـام، تهـافتوا حولها كأرانب جائعـة، التهمـوا مـافيها، خلطوا مـا بين مالحها وحلوها، فكل الطعام مهما كان طعمه؛ يملأ بطونهم الخاوية وأفواههم المتلهفة.

قال الصغير:

- اتركوا قليلاً من الطعام لماما ..

ضحكت بمرارة وقالت لهم:

- كلوا أنتم.. لقد أكلت في منزل اللواء أسـعـد.. الله يعوّض عليه ..

امـتـلأت بطونهم الخـاوية، ونعـسـت عـيـونهم البـريئـة.. ضمّ الصغير أمه وقال لها دون مقدمات:

- متى سيعود أبي؟.. متى..؟

- لا أدري ربما على العيد ..

- لم طال غيابه هذه المرة يا أمي؟

نظرت إلى أكوام اللحم المستلقية أمامها .. تنهدت ثم قالت:

- إنه يعمل من أجلكم.. أونسيت يا صغيرتي أنكم خمسة!!

أدار ابنها الكبير مفتاح التلفاز وهو يسألها:

- لم تظهـر الصـورة عندنا باللونين الأسـود والأبيض فـقط؟ وهي في بيت اللواء أسعد ملونة؟

ابتسمت بسخرية وقالت:

- ربما لأن عـالمنا كله أسـود وأبيض.. ثم همـست: بـل أسـود وأسود.

لم يفهم الصغار بل حتى الكبير ما الذي عنته أمهم.. تسمّرت عيونهم البريئة على الشاشة.. إنها نشرة الأخبار.. لا بل حفل مسائي تخللت سماءه ألعاب نارية.. أصوات انفجارات.. لولا الضحايا وصور الجثث الهامدة والأجساد المحترقة لحسبها الأطفال مدافع رمضان.

– ما هذا يا أمي؟.. ما هذا ؟..

– لست أدري.. سمعتهم يقولون إنها صواريخ ذكية تصيب أهدافها بمهارة..

– ولماذا تُوجَّه نحو الأطفال والنساء؟.

– لا أعلم.. ربما فعلوا شيئاً يستحقون عليه هذا العقاب.. ربما!! لست أدري.. هكذا سمعت.. أنا لا أفهم بالسياسة ياأولادي!!

تناثرت أسئلتهم حولها.. لم تعد تسمع شيئاً.. لا قدرة لديها لتفكر وتجيب عن أسئلتهم المحيّرة.. تخدّرت عضلاتها المرهقة من عناء العمل طول اليوم وهي تخدم.. نامت وهي جالسة على الأرض الباردة المغطاة ببساط رقيق متهافت.. أسندت رأسها إلى جدار أصمّ أبكم..

هزّها ولدها الكبير متسائلاً..

- لماذا يقتلونهم يا أمي؟ لماذا؟.. هل لأنهم مسلمون؟.. أو لسنا مسلمين أيضاً؟.. أجيبي!!

همست في سرّها قبل أن تغرق في سباتها العميق..

- ربما.. ربما لأننا مسلمون!!

غرق الصغار الخمسة في همومهم وتساؤلاتهم ولكنْ أعياهم الجواب.. أيام سوداء قاتمة كشاشة تلفازهم، مرّت عليهم.. صور مفزعة مخيفة ترسم أمامهم أشباحاً مرعبة.

مازالت أمهم تخدم في بيت اللواء، ومازالت تتحفهم كلَّ مساء وقبل أذان المغرب بصرّتها الحلوة المالحة، وبقروش ضئيلة تعدُهم بأنها لشراء ملابس العيد..

صرخ الصغير فرحاً:

- أنا أريد بنطالاً أحمر يا أمي!! كبنطال صديقي محمد..

قال الآخر: وأنا أريد حذاء بنياً، وجوارب صوفية حمراء تدفئ قدميَّ الباردتين.

- حسناً.. حسناً يا صغاري..

تمتمت في سرها قائلة:

- ارسموا يا صغاري أحلامكم الوردية الملونة.. فالأحلام هي أسهل ما نستطيع فعله!! ومن سيحاسبكم على أحلامكم الصغيرة؟

التفَّ الجميع حول الصرة الحلوة المالحة.. ينتظرون صوت المدفع.. أعدّوا إبريق الشاي ليحتسوه مع إفطارهم المنوّع.. قالت لهم:

- الله يعافيها زوجة اللواء.. لقد ضاعفت لنا الكمية اليوم كأنها تعلم آن أباكم عائد هذا المساء.. لابد أنه سيعود كما ذكر في رسالته الأخيرة.

قال الصغير وهو يقفز من الفرحة:

- لقد أعددت لأبي مفاجأة.. انظري لقد كتبت له بخطّ يدي هذه الكلمات.. إنها أولى كلماتي التي تعلمتها في المدرسة!!

نظرت الأم إلى لوحة خشبية يحملها بيديه الصغيرتين، ربما قطعها من صندوق خشبي فارغ وجده على قارعة الطريق.. ولكنه لوّنها بإتقان طفولي رائع، ورسم حولها عصافير وفراشات مزهرة وكتب عليها بخط أنيق: " عيد سعيد يا أبتِ".

حان موعد الإفطار.. امتدت الأيدي الصغيرة نحو الصرة، أصوات مدوّية قريبة أفزعتهم، أوقفت اللقمات في حلوقهم، تجمّعوا حول أمهم ككتلة لحم واحدة.. قالت لهم بصوت مرتجف:

- لا تخافوا.. إنها أصوات بعيدة.. إنها في الجبهة.. بالتأكيد في الجبهة!!

صرخ ولدها الكبير:

– ولماذا ؟ لماذا يقتلونهم؟..

فتحت فمها لتجيب فالتقمت صاروخاً ذكياً موجَّهاً من الأرض المحتلة، ومصنَّعاً في بلاد الأذكياء.. وحَمَلة شعار حقوق الإنسان!!

تناثرت أجسادهم المتلاحمة قطعاً متباعدة.. وتلونت جدرانهم المنهارة فوق رؤوسهم بدمائهم الحمراء الطاهرة.. تناثرت أشلاؤهم المحـتـرقـة بنيـران الصـاروخ ترسم لوحـة بألـوان ثلاثة.. الأسـود والأبيض والأحمـر.. وبقيت هنـاك في زاوية الغرفة المنهارة، أشـلاء يد طفولية تحمل لوحة كتب عليها بخطّ صغير:

" عيد سعيد يا أبتِ"..

نقطة دم حمـراء قانية أبت إلا أن تقفـز من يد الصغـير الذي مازال يحمل اللوحة لتغيرّ حرف الباء إلى حرف مناسب، فصرخت اللوحة الحمراء بلوعة قائلة:

" عيد سعيد يا أمَّتي".

"مقايضة"

وقفت مضطربة تراقب شاشة العرض الصغيرة، وتحسب الرقم الأخير المطلوب ثمناً لتموينات الأسرة خلال شهر كامل..

أحست بالذنب!! إنه رقم فلكيّ إذا ما قورن بالراتب الشهري لزوجها.. نظر إليها معاتباً.. سحب محفظته بتثاقل.. دفع المبلغ المطلوب.

حاولت أن تساعده في دفع العربة المثقلة بحاجات أساسية، لا يمكن لعائلة تتألف من سبعة أفراد أن تستغني عنها..

نظرت إلى الفاتورة الطويلة، قرأت في أسفلها الملاحظة الآتية: مبروك.. فزت معنا بجائزة!! بطاقات مجانية للعب في مراكز الترفيه...

قالت لزوجها: إنه مركز تجاري جديد.. ويحمل اسم هذا المركز نفسه، بالتأكيد هو لهذا المالك نفسه! تمتمت في سرها: سبحان المعطي الوهاب.. مازال زوجها صامتاً.. أرادت أن تلطف الأجواء فقالت له:

- جائزة حلوة.. ومن نوع جديد .. يا للذكاء التجاري!! من العبّ إلى الجيب كما يقولون!!

ابتسم زوجها مسايراً.. ألقت بالفاتورة في محفظتها، إنها فرصة طيبة لإسعاد الأولاد وفي وقت آخر، يكون فيه زوجها أفضل حالاً..

أمام باب البيت، استقبلهم الأولاد بفرح شديد.. أربعة فتيان يتقافزون كنمور صغيرة، تزينهم طفلة جميلة تمتلئ صحة وعافية، وتلمع عيناها فطنة وذكاء.. عانقت والدها وقالت:

- شكراً لك يا أحسن أب في العالم!!

غمرها بيديه.. نسي تعبه.. كأنه لم يدفع نصف راتبه قبل دقائق.. بدأ يطعمها بيديه، فالتف حوله النمور الأربعة، تخاطفوا ما بيده، وقبلوا رأسه شاكرين..

ومع صباح جديد عاد إلى دوّامة العمل المضني.. والسعي الشاقّ وراء اللقمة الشريفة وإن كانت بالكاد تسدّ الرمق..

ذات مساء.. فتحت محفظتها، فتعثرت يدها بالفاتورة الطويلة ذات الجائزة الطريفة.. وبعد دقائق قليلة كانت مع زوجها وأولادها داخل هذا المجمع التجاري الضخم..

وقفوا في البهو الرئيس وقد بهرتهم الأضواء المتراقصة، والسلالم الكهربائية، صالات عرض لم يروا لها مثيلاً في حياتهم،

عشرات المطاعم والصالات والمحلات، أعداد كبيرة من الناس تغدو وتروح بأكياس أنيقة منتفخة!!

يا لهذا العالم الغريب.. أهو سوق أم فندق من الدرجة الأولى؟

قطع عليهم الأب تأملاتهم السحرية وسحبهم قائلاً:

– هيا.. هيا إلى صالة الألعاب الترفيهية.. والمجانية!! لا تنسَوا ذلك.

أخيراً وصلوا إلى الدور الأخير.. وبعد طول بحث وجدوا صالة الألعاب. كم بهرتهم أشكالها وأنواعها الفريدة.. وكم أحزنهم أن كل ما ربحوه من بطاقات لا يكفي لاستمتاع واحد منهم فقط!!

يا لخيبة الأمل!! على الأب أن يدفع مبلغاً مرقوماً ليستمتع الجميع.. كيف السبيل إلى حلّ هذه المشكلة؟..

قال الأب لنموره الأربعة:

– ما رأيكم يا شباب لو أخذتكم لنأكل شيئاً لذيذاً؟ ولنتركُ أمكم مع هذه الصغيرة تلعبُ كيف تشاء.. هيا بنا.. نحن رجال وقد كبرنا على اللعب..

وافق الأولاد مكرهين.. بينما تسمّرت عيونهم على أختهم التي بدأت تضيع في زحمة اللاعبين..

استعرضت الصغيرة جميع الألعاب، حارت في أمرها.. أيها

تختار؟ وقفت طويلاً أمام صالة الليـزر المغلقة تفكر.. مـا سـمـعـتـه عنها من صديقاتها وعن الأفلام المرعبة التي تعرض فيها أغراها بالدخول، ولكن خالجها شيء من الرهبة.. بل من الرعب.. عليها أن تغامر..

وقفت في صفّ طويل تنتظر دورها، وحين همّت بالدخول إلى الغرفة المظلمة، قابلها وجه طفوليّ غريب الملامح.. بدين أحمر.. نظر إليها ببلاهة وأشار بأن تدخل وتجلس إلى جانبه!!

خافت وصرخت مبتعدة:

- لا .. لا أريد الركوب..

أسـرعت ترتمي بين ذراعي أمهـا فقـالت لهـا الأم مـهـدئة من روعها:

- لا تخافي!! إنها لعبة حلوة، وكل ما فيها صور لا تخيف!!

قالت الطفلة بصوت متهدج:

- ليـست اللعبـة يا أمي.. إنه ذلك الكائن الذي ينظر إليّ ويناديني من داخل الغرفة.. انظري.. هاهو..

صبيّ صغير لا يتجاوز العاشرة من عمره، إنه في عمر ابنتها تقريباً، ولكنه مريض، حالته أقسى ما شاهدت من أطفال مصابين بهذا الخلل الوراثي..

قالت لصغيرتها :

- لا تخـافـي.. إنه لطيف، ولن يؤذيَك إطلاقـاً، إنه مـريض يستحق الشفقة.. انظري كيف أحادثه وأداعبه..

مـسـحت الأم على رأسـه برفق، قـبلتـه وطلبت مـنه أن يتـحّى قليـلاً لتجلس ابنتها إلى جانبه، ضحك مسروراً وأمسك الصغيرة من يدها وشدّها إلى داخل الغرفة المظلمة.. صرخت من جديد وهربت..

قبلت الأم هذا المسكين وداعبته بحنان قائلة :

- آسفة يا صغيري.. إنها لا تفهم..

ضحك لها ببلاهة واضحة وسعادة متناهية.. ودارت به اللعبة من جديد.. وحين توقفت اللعـبة قـررت الصغـيرة أن تدخل هذا العالم الغريب، ولكنها رأت ذلك الطفل المريض جالساً من جديد.. إنه لا يرغب بالخـروج.. ومـا تزال أمـهـا يائسـة تحـاول إقناعـها بالدخول، وما زال هو لاصقاً داخل الغرفة لا يغادرها ويكرر اللعب مرات ومرات!!

سألت الأم الرجل المسؤول عن تشغيل اللعبة :

- يا لهذا الصغير!! متى سيخرج؟... وهل يدفع لك في كل مرة يلعب فيها؟

ابتسم الرجل وقال بلهجة هجين مكسرة، فهمت من خلالها أن هذا الطفل هو ابن صاحب المركز التجاري.. بل ابن صاحب المراكز كلها!!..

صعقتها المفاجأة.. ظنها الرجل لم تفهم فقال:

– هذا ما في يدفع فلوس.. بابا هذا في فلوس كتير.. كتير!!

انهمرت دموعها بلا استئذان.. وعلى مرأى من الجميع.. لم تعد تبصر ما حولها نادت ابنتها:

– أين أنت يا صغيرتي؟..

رأتها مسمّرة ما تزال تنظر إلى ذاك الطفل الغريب، وما زال هو مبتسماً سعيداً..

أمسكت بيد ابنتها.. أسرعت خارجة.. نظرت إلى كل العالم المحيط بها.. إلى كل المحلات والبضائع والأضواء و... نظرت إلى العالم بأسره بكل ما فيه من كنوز، فما وجدت أعظم من صغيرتها المعافاة.. قبضت على يدها بشدة.. وهربت بعيداً لتخرج من هذا العالم الغريب.. فجأة شعرت بيد قوية تمسك بثوبها وتشدها بإصرار.. إنه ذلك الطفل المريض.. التفَّ حول ساقيها، أمسك بها بشدة... بدأ يتكلم.. فهمت منه أنه يريد الذهاب معها، أبعدته برفق وأشارت إليه بالعودة، ولكنه ازداد قرباً منها.. كأنه يقايضها.. كأنه يقول لها خذيني معك وخذي كل مراكز أبي التجارية التي بهرتك

وخلبت لبَّك!! يا لها من مقايضة!! يا لها من معادلة غير متساوية الطرفين!!

أمسكت بيد ابنتها، قبضت عليها بشدة، وكأنها تقبض على كنوز الدنيا بما فيها ..إنها مع عافية أولادها هي الرابحة.. هي الثرية..

ومن بين دموعها المتراقصة، لمحت مجموعة من الخادمات يمسكن بالصبي المريض ويعُدن به من حيث أتَين.. وهو ما يزال يناديها مستغيثاً..

ضمّت صغيرتها.. هربت من هذا العالم الساحر وهي تتمتم بحمد الله وتشكره على ثروتها الطائلة، وربحها الوفير..

"خبر وتعليق"

سـألت طالباتها في المرحلة الثانوية وفي إحدى حصص التعبير أن يكتبن خبراً ويعلّقن عليه، قالت: مـا أكثر الأخبار التي تطالعنا كلَّ صباح ومساء!! حتى أصبح سماع نشرة الأخبار السبب الأول وراء مـرض الكآبة المعاصـرة.. للأسف!! لقد تضـاءل العـالم وانكمش وانتقلت أخباره بسرعة الريح صوتاً وصورة..

حين عـرضت الموضـوع لمحت الدهشـة والحَيـرة في عيـون الطالبـات، وانعقـد لسـان أكثرهنّ مـع عهدهـا بطول ألسنتهن!! ثم تراشقت الأسئلة فجأة حولها كالسهام!!

لم تتراجع.. كتبت نصّ الموضوع على السبورة بإصرار.. (خبر وتعليق) قالت إحداهن: نحن لا نهتم بسماع نشرة الأخبار.. فبدأت تسـتعرض لهنّ بعضـاً من الأخبار المؤثرة، التي تطالعنا كلَّ يوم.. أوطان تسلب.. أطفـال يغتالون.. أموال تسرق.. مؤامرات تنسج.. أعضاء بشرية تباع.. أخبار عديدة.. وصور شتّى تصوّر عالم اليوم كما نراه ونسمعه ونعيشه!!

نظرت في عيونهن علَّها تسمع صدى ما ذكرت..عيون مبعثرة فارغة.. زائغة تائهة.. كأنها قدِمت من عالم آخر.. حاولت أن تثير شهيّتهن أو أن تدغدغ مشاعرهن الباردة بطرق شتى، وحين أعيتها الحيلة وسعت دائرة الموضوع وقالت يائسة:

- بناتي.. أكتبن أيّ خبر!! خبر رياضي.. خبر اجتماعي خبر فني.. وهنا.. حين ذكرت الفن لمعت تلك العيون الناعسة وبرقت.. والتهبت تلك المشاعر الفاترة.. ارتفعت الأيدي.. إجابات عديدة.. مشاركات تعبيرية رائعة.. قالت في سرها: لابد أني قد نجحت!!

قامت أكثرهن حماسة وقالت:

- أنا عندي خبر فني مهم يا أستاذة..

وقبل أن تسألها ما هو؟ قالت باهتمام بالغ:

- فنان الشباب -فلان-! بكرة رايح للجيش"

قالت باهتمام بالغ أيضاً:

- ومن هو المذكور؟..

أصوات صاخبة مشتركة شرحت وفصّلت واعترضت!! تساؤلات أكثر استنكرت جهلها بالفن وأهله!!

قالت إحداهنّ بخبث: أستاذة.. كيف تدرّسيننا ترجمةَ عنترةَ وحسان، والمتنبي والبارودي.. ولا تعرفين من هو المذكور؟

تبـرعت طالبـة أخرى وشرحت لها ترجمتـه الفنية وسيـرته الذاتية مفصَّلة.. سألتهن ببلاهة متعمَّدة:

- وهل حقَّق جيش المذكور نصراً عندما انخرط فيه؟ هل عاد منتـصراً وقد استـعاد القـدس الثكلى.. هل أطلق عيـاراً من فُوَّهة بندقية!! ما الذي حقَّقه وأمثاله من أنصاف الرجال في التحاقهم بالجيش؟

وهنا ثارت ثائرة الطالبـات.. وكـأنَّ المعلمـة تعرضـت لشـتم أهلهن!!

قالت طالبة ساذجة:

- أهذا جزاء من يلتحق بالجيش دفاعاً عن وطنه؟

أيدتها أصوات الكثيرات.. يا للمشكلة !! لقد أوقعت نفسها في مـأزق لا تحسد عليه.. شباكهنّ تحيط بها من كل جانب.. وشباك القنوات الفضائية أحاطت بفكرهن وثقافتهن وعواطفهن.. غسلت عقولاً واعيـة، وقتلت مـواهب واعدة.. أطفأت نفوساً مشرقة وقلوباً مؤمنة..

قالت لهن بحسرة:

- ليس الذنب ذنبَكن.. بناتي.. بل هو إعلامنا العربي المريض.. هو المسؤول الأول.. وأنتنّ الضحية!! اعترتها رعشـة خطابيـة ثم تابعت: بالله أسـأل وأنا أناشد.. هـل ستنتصـر أمة تُخرِج قنواتها

الفضائية في كل يوم العشرات من المغنين والمغنيات.. وتصدر أطناناً من لحوم الراقصين والراقصات.. والمئات من الفنانين والفنانات؟ لقد جعلوا من كل ساقط أو ساقطة قدوة ومثلاً وصيَّروا من كل فنان بطلاً..

سألت واحدة بذكاء:

– أستاذة.. لقد خلا مسرحنا من الأبطال.. فمن يحتلُّ الساحة غيرهم؟

قالت: لا عجب اليوم.. فنحن في عصر الجواري والإماء.. في عصر أشباه الرجال، وأجيال بلا وعي ولا طموح!!

عادت تلك الذكية الخبيثة تشعل فتيل النقاش من جديد فسألت بأسلوب أدبي محكم:

– أستاذة؟.. ربما كان قصده شريفاً.. ربما قصد أن يشعل جذوة الحماس المنطفئة في نفوس شبابنا اليوم؟

أجابتها من خلال ما درسن في الأدب العربي المشرق، قالت:

– كان أبطالنا وشعراؤنا قديماً يرتجزون شعراً حماسياً قبل التحام الجيوش وقبل سلّ السيوف البارقة بوميض النصر.. وللأسف صار الفنانون اليوم يحذون حذوهم!! إنهم اليوم حين

يساقون إلى الجيش- مكرهين لا أبطالاً- يرتجزون أغانيَ دعائية راقصة وأعمالاً" فيديو كليبية" صاخبة، ولكننا نسمع جعجعة وغناء ولا نرى طِحْناً!!

أطبق صمت رهيب على الفصل.. فأعادت السؤال من جديد:

- هل ستنتصر أمة شبابها أنصاف رجال.. ونصفهم فنانون!!

تبعثرت في عيونهن نظرات تائهة حائرة.. أفكارهن تتصارع بين مدّ وجزر.. بحثت علَّها تجد جواباً يشفي غليلها.. أو يصدّ طوفان حزنها.. ومن خلال تلك العيون التائهة ومضت عينان ذكيتان.. وأشرقت نفس مؤمنة صادقة.. رفعت يدها بهدوء.. قالت:

- أستاذة هل تسمحين لي أن أقرأ ما كُتبت؟

استجدتها عيناها أن تفعل.. قرأت بثقة وتفاؤل:

((مع زحمة الأمواج المظلمة.. ما زال لدي بارقة أمل!!

أهدي كل حبي واحترامي ودعائي لأبطال الصمود وأطفال الحجارة في فلسطين.. وإلى الرجال الكُمَّل في كل ساحات الشرف والبطولة)).

حين انتهت كادت أن تعانقها جوانحها، أن يضمّها قلبها ثم
قالت:

– وأنا أيضاً بنيَّتي وبعد أن سمعت ما قلت.. ما زال لديَّ بارقة
أمل...

"نحن وأنتم بألفي خير"

لسَعـات بـرد ضـيـئـلة تسللت إلى جـسـدهـا فـأغلقت نافـذة السيارة.. إنهم في صحرائهم العربية يقفون على أعتاب الشتاء.. أو ربما الشتاء يقف على أعتابهم..

قالت لنفسها: لا فرق!! لقد اختلطت أمور كثيرة في هذا الوقت!! فما يضرّ لو خانها التعبير أو لم تتسلسل عباراتها بشكل منطقي؟

انطلقت سيارتها تنهب شوارع المدينة يقودها سـائق مغـامر، وإلى جـانبـه جلس ولدها يحلم بمعطف جـديد وعـده به أبوه ليلة البارحة.. قالت بصوت مسموع:

- يالهذه المعاطف الصـوفيـة والجلدية التي تطرح في الأسـواق والتي تناسب سكان القطب المتجـمد، تلبس مرة أو مرتين ثم ترمى في مخزن البيت المزدحم!!

سألت السائق دون تمهيد:

- محمد.. هل البرد شديد عندكم في كشمير؟

أجابها بلغة عربية فصيحة تضاهي لغة أفضل المذيعين في القنوات الفضائية العربية وقال بأدب جمّ:

– نعم سيدتي.. البرد عندنا شديد جداً.. وكذلك الفقر شديد بل أشدّ!! سكت برهة ثم قال:

– البرد وشراسته، والفقر وظلمه، والعدو وكفره جميعهم علينا في كشمير!!

التفت إليه ولدها وقال ببلاهة:

– أين تقع كشمير يا محمد؟.. هل هي بالقرب من سيرلنكا؟..

ضحك السائق بأدب.. وردّت عليه أمه قائلة:

– أيها المسكين!! ما الذي درسته في الجغرافية مدة تسع سنوات مدرسية؟ ما الذي تتعلمونه في مدارسكم يا أجيال القرن العشرين!!

أجابها ببرود قاتل:

– أنا أكره مادة الجغرافية.. أكرهها!!

أظلمت نفسها وأعتمت.. بينما تلألأت أضواء المدينة الشاسعة في كل ناحية، وازدحمت أرصفة الشوارع بلوحات دعائية مضاءة وملونة.. رأت في إحداها صورة طفلة صغيرة ولقد لفّت جسدها من رأسها إلى أخمص قدميها بغطاء صوفيّ عليه اسم تجاري

معروف.. لم يبدُ من الطفلة سوى عينيها الصغيرتين.. وبعض من ملامح وجهها البريء.. سألت نفسها بحسرة:

- أتراها طفلة عراقية تتدثر غطاء عربياً تتقي به برد الشتاء المقتحم، أم تراها طفلة شيشانية تسرق دفئاً في أحلامها الحمراء الدامية!!

لوحات جديدة مضاءة تقتحم وجهها عنوة على رأس كل شارع وأمام كل منعطف.. وفوق كل لوحة أشكال وألوان من أطعمة مختلفة.. شطائر محمّرة ودواجن مدجّنة.. رز مفلفل.. وهمبرغر معرّب!! تخيلت تلك اللوحات المزدحمة بالطعام بيضاء فارغة، وقد سرق كلَّ ما عليها طفل مسلم إفريقي جائع.. أو شيخ فلسطيني مقاتل.. أو امرأة شيشانية سليبة!!

سرق منها أطيافها صوت ابنها وهو يصرخ في وجه السائق:

- قف.. قف.. ألا تسمعني أيها الغبي..

سألته مستنكرة:

- ولماذا يقف؟

- أريد أن أشتري "همبرغر" وإخوتي في البيت يريدون (السترابري كيك) نظرت إلى الشارع الطويل الممتدّ أمامها.. محلات تجارية متزاحمة ومطاعم متقاربة يعجز الطريق عن حملها.. قالت لولدها:

- لايهمّ.. أينما وقف السائق ستجد ما تريد.. فإلى جانب كل مطعم مطعم آخر.. لا تقلق!!

وضعت يدها على معدتها.. لم تهضم طعام الغداء بعد!! كيف استطاع ولدها أن يشعر بالجوع وبهذه السرعة؟..

وقفت السيارة مدة طويلة أمام نافذة المطعم الخارجية.. تسلم ولدها الأكياس المنتفخة من نافذة السيارة.. نقد البائع ثمنها بعملة عربية فشكره البائع بلغة إنكليزية وبلكنة أمريكية وبسحنة فيلبينية.

نظر إليها ولدها وقال منتفخاً كأنه ديك رومي:

- ألا ترين كم نحن أمة متطورة!! مطاعمنا تضاهي أفخم المطاعم العالمية.. قالت بألم:

- بل قل كم نحن أمة مستهلكة متهافتة، مقلِّدة!!

أشاح بوجهه عنها.. ربما لم يفهم ما عنته.. أو ربما لا يريد أن يفهم.. فلم يسأل أو لم يعلق!! صاح فجأة:

- قف.. قف.. هنا محلّ المعاطف..

ما زالت الشوارع تزدحم باللافتات الضوئية الداعية إلى الشراء والتسوق والمغرية بالإنفاق والإهدار.. سألت نفسها:

- ما الذي يريدونه منا؟.. جيوباً فارغة.. عقولاً تافهة.. يريدون أن نعمل.. نقبض.. نصرف.. نأكل.. نشاهد القنوات

الفضائية.. ننام.. لا وقت لدينا لنفكر أو لنتأمل لنمتدّ أو لنكبر.. لنحب أو لنشعر!!

ما تزال اللوحات الدعائية تقتحم يمينها بقوة.. هل عليها أن تغمض عينيها..؟

ضحكت ساخرة وقالت: هناك الكثير من الأشياء لا يمكننا أن نغمض أعيننا عنها!! على الأقل لا يمكننا أن نتعامى عن الأخطاء الإملائية الكبيرة فوق تلك اللوحات!! همزة قطع قطعوها فجعلوها بلا همزة" وهمزة وصل وضعوا فوق رأسها همزة فبدت كقبعة إنكليزية فوق رأس بدوية!! واجهتها لوحة كبيرة وقد كتب عليها بخط عريض "نحن وانتم بألفين خير"

سألت ولدها تحاول جاهدة أن تحرك عقله المتجمد:

- هل تستطيع أن تصوِّب الخطأ في هذه الجملة المكتوبة فوق هذه اللوحة؟..

نظر إلى اللوحة ثم قال بسرعة:

- نعم.. هناك نقطة زائدة في كلمة خير.. والصحيح أنها خبر.. أو ربما خبز لا أدري!!

- ألم تدرس في مادة النحو أن نون المثنّى تحذف عند الإضافة؟ الصحيح أن تكتب: "نحن وأنتم بألفي خير"..

- أي نون وأي مثنّى.. أنا أكره مادة اللغة العربية!!.

ثم قال متفاصحاً: آه تذكرت.. سمعت الأستاذ يتكلم عن نونٍ اسمها نون الوقاية.. ثم سألها متحدّياً: هل تعرفينها يا أمي!!

- لا.. لا أعرفها.. ولكنني أشعر أننا بحاجة إلى وقاية.. وقاية من تيارات الأمركة والفرنجة والعولمة والبرمجة.. وقاية من التدجين والتطبيع والتضييع!! بل ربما نحتاج إلى أكثر من وقاية!!

قال متأففاً: أفّ.. قلت لك لا أحب اللغة العربية..

- وما الذي تحبه إذاً.. هل تحب الرياضيات؟ هيا أجب.. لماذا قالوا: ألفين؟..

فكر برهة ثم قال: وهل الصحيح أن يقولوا ثلاثة آلاف؟.

ضحكت بألم وقالت: لأننا هذه الأيام نستقبل العام ألفين.. ألم تتعلم ذلك في المدرسة؟

- لا.. لا أدري.. نحن نؤرّخ بالعام الهجري.. نحن في عام ألف وأربعمائة وعشرين للهجرة..

- رائع يا ولدي.. لعلك بدأت تفهم.. ولكن هل يمكنك أن تقول لي كيف كنا قبل ألف عام؟.. أقصد كيف كانت الأمة الإسلامية؟..

- كنا متأخرّين.. كنا نركب الجمل ونعبر الصحراء.. نسكن

الخيـام ونأكل التمـر.. وفي الليل نتسلَّى بقصص عنترة وألف ليلة وليلة.. كنا.. صرخت بأعلى صوتها:

- كفى.. كفى أيها المبرمج المؤمرك!! كنا نركب الجمل ونمتطي صهوة الحصـان لننشـر دين الحق ورسـالة السمـاء.. كنا نعبـر الصـحـراء لنشقَّ سـواد المشـرق والمغرب بنور الهـدى وحضـارة الشرفاء... كنا نأكل التمر العربي لنجيد النطق بالعربية.. كنا..

قاطعها ولدها قائلاً:

- أمي.. أرجوك.. أنت تعرفين أني لا أحبّ التاريخ!!

- يا ويلي.. بل ويلك.. ما الذي تحبـه إذاً.. ألا تدري أنك حين تكره التـاريخ تمسـح من رأسك ألف انتـصـار لدولة الحق على الباطل.. وتمسـح ألف علَم من أعلام أمتنا المسلمة.. ألا تدري أنك حين تكره الجغرافية تمحو من فوق الكرة الأرضية خريطة العالم الإسـلامي وتنسى كيف كانت وكيف صارت.. وبذلك تتخلَّى عن مفـاتيح بيت المقدس التي تسلَّمهـا عمـر، لتسلّمهـا إلى الصهاينة بالمجّان!! وتنسى مواطن العرب والمسلمين.. فتعتقد أن فلسطين أو العـراق.. تنتمي إلى كوكب آخر غير كوكبنا، أو إلى أمة غير أمتنا المستهدفة!!..

حاول ولدها أن يقاطعها.. أسكتته وتابعت:

- ألا تعلم أنك حين تكره العربية تصمّ أذنيك عن صوت مآذن

بني أميَّة في دمشق، وعن صوت منابر الرشيد والمأمون في بغداد .. وتهدم أمجاد أمة شرّفها الله بحمل لغة القرآن؟

التفت إليها ولدها وقال بصوت مخنوق بخبز الهمبرغر المحشوّ بشحم العجول المستوردة..

- أرجوك يا أمي.. لا تغضبي.. ليس هناك ما يستحق ثورتك "تيك إت إيزي" ألم يكتبوا لك في كل ناحية: "نحن وأنتم بألفين خير".

وهنا رد عليه السائق الكشميري ناطقاً بعد صمت طويل:

- بل قل: "بألفي خير".. آه لو تعلم يا سيدي كم نحبّ اللغة العربية!!

"إجازة سعيدة"

استيقظت صباحَ يوم الجمعة على صوت زوجها الأجشّ يصيح:

- أين ثوبي الجديد؟؟

نظرت إلى ساعة الحائط.. إنها تمام التاسعة صباحاً.. رنت إليه بعينين ناعستين ثم قالت:

- ولم الثوب الآن؟؟ لا يزال الوقت مبكراً لصلاة الجمعة..

أجابها مقتضباً:

- ولا وقت لديّ.. تأخرت على الشباب!! إنهم ينتظرونني على طعام الإفطار..

- حـاضـر.. حـاضـر.. ولكن لماذا لا تلبس هذا الثـوب.. إنه أمامك..

- لا .. لا .. أريد الثوب الجديد..

قامت من سـريرها مسـرعـة.. فتحت الدولاب.. بـحثت بين أكداس الملابس ولكنها لم تجده..

- يا إلهي!! أين الثوب الجديد..

امتدّت يد زوجها إلى الدولاب قلبت رأسه على عقبه.. كما قلب لسان زوجها رأسها المثقل بالنوم..

- طبعاً يا زوجتي العزيزة!! أنت لا تدرين شيئاً عن ملابسي!! أنا آخر من تهتمّين به في هذا البيت!! أنت وأنت و...

أسرعت إلى غرفة الأولاد.. فتحت دولاب ملابسهم وبدأت رحلتها في البحث!! ثم صاحت بأعلى صوتها تنادي الشغالة وتقول:

- وين في ثوب أبيض حقّ بابا؟؟..

- ما في معلوم ماما.. ما في معلوم..

وفجأة صاحت بأعلى صوتها:

- وجدته!! وجدته!!

نظرت إلى الشغالة شزراً وقالت متوعّدة:

- أنت من وضعته هنا.. ألا تعرفين ثوب بابا من ثوب الأولاد..

هزت الشغالة رأسها يميناً ثم شمالاً.. ثم شمالاً ثم يميناً.. واتجهت نحو المطبخ!!

استيقظ الأولاد على صياح والديهم.. وعلى أصوات الدواليب تفتح ثم تغلق.. فتح الصغير عينيه وقال:

- صباح الخير..

أجابت متمتمة:

- أيّ خير هذا!!

أسرعت إلى زوجها بالثوب.. لبسه بسرعة ثم اتجه نحو الباب لحق به الأولاد وصاحوا بصوت واحد:

- إلى أين يا أبي؟؟ ألم تعدْنا بالذهاب إلى البرّ اليوم!! اليوم إجازة يا والدي!!

- لن أتأخر.. سأعود بعد صلاة الجمعة مباشرة!!

تحلّق الجميع حول المائدة.. مدّوا أيديَهم إلى الطعام بحركات آلية.. لا رغبة ولا شهية..

قالت الصغيرة:

- الطعام لا يطيب بغير بابا!!

قال الأكبر:

- حتى يوم الجمعة لا نراه!!

وبعد قليل استعدّ الأولاد للصلاة.. معارك ضارية دارت في حلبة البيت.. ثوب سعيد في دولاب أحمد، وسروال أحمد في دولاب عبد العزيز.. تمتم الكبير بصوت مسموع:

- والله الحق معك يا أبي!!..

سمعت الأم ما قاله ولدها فصاحت:

- اسكت يا ولد!! هيا أسرع واصطحب إخوانك إلى المسجد.. وأنت أيتها الشغالة الغبية.. أي مصيبة ألقت بك في دارنا!!.. أين أنت!! تعالَي..

أسرعت الشغالة تهز رأسها يميناً ثم شمالاً.. شمالاً ثم يميناً.. وتعيد الملابس إلى مكانها في الدولاب..

لا تزال المعارك مستمرة.. أصوات الصحون في المطبخ.. وصوت الغسالة في الحمام.. وصياح الصغير في سريره!!

وبعد ساعات ثقيلة.. عاد الجميع من المسجد.. وقد استعدُّوا للذهاب إلى البرّ.. لبس الأولاد ملابسهم الرياضية.. وأحذيتهم المطاطية.. وحملوا كراتِهم ومعدّاتِهم.. الجميع جاهزون للانطلاق حتى الشغالة جاهزة مع أكوام اللحمة المقطعة للشيّ وأكياس الفحم وأواني الطعام والشوّاية و...

الجميع جاهزون فرحون.. فقط بقي على الأب أن يلبس ملابسه الرياضية.. أسرعت الأم إلى الغرفة سعيدة وقالت له بكل ثقة:

- هاهي ذي ملابسك جاهزة على السرير.. سامحك الله دائماً تتهمني بالتقصير!!

ولم تكد تكمل كلامها حتى صاح بصوت مرتفع..

- أين جواربي الرياضية!!

يا لها من حجة دامغة بتقصيرها، ومصيبة لم تكن تتوقّعها أسـرعت إلى درج الجوارب.. بحثت وبحثت.. هذا هو.. لا.. ربما هذا!!! لا.. لا هذا ولا ذاك..

نظر إليها زوجها والشرر يتطاير من عينيه، فهربت من أمامه تنادي الأولاد.. وكانوا قد نزلوا إلى السيارة:

- هيا اصعدوا.. أمر مهم..

اصطفّ الجميع في الغرفة.. نظرات التساؤل مرتسمة على وجوههم.. صاح الأب متهماً:

- ليرفع كل منكم بنطاله.. هيا.. ارفعوا..

رفعوا جميعهم محملقين مشدوهين!!

أمسك الأب بأذن سعيد وقال:

- أنت إذن المفـتـري.. أنت من تلبس جواربي دوماً!! خـاف سـعـيـد، وارتعـد كأنه مجـرم ضبط بالجـرم المشـهـود.. وأقسم أنه بريء.. بل وجد الجوارب في دولابه مصادفة..

سمعت الأم صوت ولدها الكبير يهمس معترضاً:

- أما إجازة سعيدة والله!!

انطلقت السيارة مصحوبة بالسلامة.. وحين وصلوا إلى الثمامة، طلبت من زوجها راجية أن ينسى ما حصل، وأن يبسط أسارير وجهه ويساعدها في تقطيع البصل.. فاللحم يحتاج إلى شيٍّ، والشواية تحتاج إلى فحم.. هيا يا أولاد!! هيا.. ساعدونا.. ضحك الجميع وبدؤوا العمل سعداء... وحين تأجّجت نيران الشواية فجأة صاح الأب:

- أين أسياخ اللحمة يا أولاد؟؟ أين الأسياخ؟؟..

انطلق الجميع كشلال هادر.. يبحثون ويبحثون.. وإذا بالشغالة تقول بصوت حنون:

- ماما.. ماما.. أسياخ لحم في بيت مطبخ!!

ضربت الأم صدرها.. وهزت الشغالة رأسها.. وندبت الصغيرة حظها.. وصاح الجميع: يا للأسف!! لا لحم ولا شواء سنقضي اليوم بلا غداء!!

ركب الأب السيارة غاضباً.. أدار محركها فلحق به الجميع خائفين وجوههم مكفهرّة مغبرّة.. وقد خيّم الصمت عليهم حتى وصلوا البيت... دخلوا متتاليين متلاحقين كأنهم جند عادوا من معركة خاسرة... شيء واحد أعاد البسمة إلى وجوههم وجعلهم يضحكون من أعماقهم... ذلك حين قالت الصغيرة:

- كلَّ إجازة وأنتم بخير!!

"الحصة الأخيرة"

قُرع جرس الحصة.. انتزعها صوته من حلم جميل عاشته ساعة كاملة مع محاضرة بعنوان: كيف تكونين معلمة ناجحة محبوبة.

خرجت من قاعة المحاضرات المدرسية، ولا يزال صوت تلك السيدة المحاضرة الدافئ ينعش أذنيها ويثلج صدرها.. كلماتها منمّقة مدروسة، مشحونة بتيارات من العواطف والمشاعر، عباراتها رنانة فخمة يوجهها إيمان صادق بمهنة التعليم ورسالته الخالدة...

خرجت سريعة إلى صفّها.. لديها كمّ هائل من المعلومات عليها أن تلقيَه على طالباتها خلال أربعين دقيقة.. وعليها أن تغلّف تلك المعلومات بعبارات من الحب والمودة، وبمشاعرَ ممتزجة من الأمومة والأخوة، وأن تبسِّطها بطريقة سهلة تخترق قلوب الطالبات لتصل إلى عقولهنّ..

هذا ما أوصته بها المحاضرة اليوم.. وهذا ما تؤمن هي به منذ أعوام طويلة وكادت أن تنساه في زحمة أعباء هذا العمل المضني

وفي آليّة الأنظمة العمياء.. عليها أن تنتقل من فصل إلى آخر كنحلة عاملة لا تكلّ ولا تمَلّ.. تنتقل من زهرة إلى أخرى لا لتمتصَّ رحيقها بل لتعطيَها علماً ممزوجاً بالعسل والحب، ومبطَّناً بالإيمان والخلق..

كلمات حلوة تلك التي سمعتها قبل قليل من المحاضرة.. عليها اليوم وبعد خمسةَ عشرَ عاماً من التعليم المضني والمتواصل أن تتعلم كيف تصبح معلمة محبوبة!! دخلت فصلها.. جدولها يتضمن خمس حصص متتاليات، عليها أن تقفز فيهن من فصل إلى آخر.. ومن مرحلة إلى أخرى، عليها أن تتعامل مع كل طالبة بوصفها حالة خاصة، ونوعية متفردة.. فهذه تحتاج إلى رقة ولطف وتلك لا ينفع معها سوى الشدة والعنف.. وهذه يلزمها التشجيع والثناء وتلك بحاجة ماسّة إلى باحثة اجتماعية، وهذه ضعيفة في المادة وتحتاج إلى اهتمام خاص ورعاية فردية، وتلك متفوقة ذكية تشعر بالملل والضيق، وتحتاج مواهبها إلى تشجيع وتفتيق!!

نزلت من الدور الثالث تحمل أكداساً من الدفاتر التي تحتاج إلى تصحيح، تعثرت.. كادت أن تقع.. أسندها حائط مدرسي ألصقت عليه لوحات مكتوبة بخط جميل.. قرأت لوحة تطالعها في كل يوم.. إلا أنها اليوم تقرؤها بطريقة مختلفة ومشاعرَ فاترة.. ((قم للمعلم وفِّه التبجيلا.. كاد المعلم أن يكون رسولاً)) عبارات شعرية منمَّقة تشبه إلى حد بعيد كلمات تلك المحاضرة التي

سمعتها اليوم.. نظريّات ومثاليات لا تَمَتّ إلى الواقع بصلة.. وتفقد كل معانيها وبريقها حين تنزل إلى ساحة التعليم والوغى!!! نظرت إلى ساعتها.. حان وقت الفسحة الثانية.. عليها أن تكون مرابضة الآن كمناوبة في ساحة المدرسة.. أوصلت دفاترها إلى مكتبها.. وضعت تلك الكومة بين أكوام أخرى من الدفاتر والكتب والأوراق أسرعت إلى الساحة.. لابد أنها نزلت مبكرة اليوم.. لا أحد في الساحة!! أرض فسيحة خضراء ممتدة.. أشجار باسقة عمرها عمر المدرسة.. سماء زرقاء صافية تتخللها أسراب من الحمام والعصافير الملونة، تحلق فوق ساحة المدرسة ثم تسقط فجأة فوق بقايا الطعام وفتات الخبز الذي خلفته الطالبات في فسحتهن الأولى.. تخيّلت نفسها طائراً يرافق السرب رحلته إلى سماء عالية وعوالمَ مجهولة.. تمنّت لو أنها تعيش حرة طليقة تنتقل من غصن إلى آخر، ومن أرض إلى سماء!! إنها تحتاج إلى جناحين لترافق طيور المدرسة رحلتها.. إنها تحتاج إلى الحرية!!

أخذت نفساً عميقاً.. هواء منعش تسرب إلى رئتيها.. أمدَّها بقدرٍ كبير من الأوكسجين، وانتزع من داخل عروقها سموم هواء الفصول المكتظة!! كما انتزع بعض هموم المهنة المضنية!!

كم تحتاج إلى بعض الراحة لتعكسها على نفسيات طالباتها.. ولتستطيع أن تغلّف لهنّ العمل بالحب والمودة... كم تحتاج إلى الهواء الطلق.. إلى الحرية.. أسوار المدرسة تقيّدها وتفصلها عن العالم الخارجي..

سنوات طويلة وهي حبيسة التعليم.. بدأت معلمة ولا تزال معلمة وسوف تنتهي معلمة أيضاً.. زميلاتها ينتقلن من مهنة إلى أخرى ومن مرتبة إلى ثانية.. أما هي فلا تزال معلمة.. إنها تحب التعليم.. وتؤمن بكل ما قالته المحاضرة.. كما تؤمن أنها على ثغر تواصل فيه جهاد معلم أول.. وأنها خلقت لتكون معلمة كما كان يقول لها والدها وهي طفلة صغيرة، حين كانت تجمع بنات جيرانها، وتمثل معهن دور المعلمة الصارمة..

أفواج مندفعة من الطالبات ملأت الساحة في لحظات.. أجسام فتية يافعة، وجوه متعددة متباينة، أصوات هادرة أفزعت عصافير المدرسة فحلقت بعيداً تنظر إلى تلك الحشود من فوق أعالي الأشجار.. وقفت هي أيضاً تنظر إلى تلك الرؤوس المتناثرة.. لقد مرّت عليها أكثر تلك العقول النيرة.. كم حاولت جاهدة بناءها بالعمل والمعرفة وتزيينها بالخلق والأدب.. لقد أعطتهن من نفسها وعلمها وحبها أكثر بكثير مما تستطيع إعطاءه أولادها في البيت!!

لقد عاملت كل واحدة منهن كأم محبة ومعلمة متفانية حريصة.. نظرت إلى مجموعة من الطالبات وقد تحلّقن حول معلمة شابة جديدة فرأت فيهن سمكاً يحوم حول طعم لذيذ!! أعداد كبيرة تحلّقن حولها يمازحنها ويقاسمنها الحديث والضحك.. ترامى إلى سمعها طرف من الحديث.. موضوع تافه صغير أدنى من أن يناقش فوق ساحة مدرسية!! الصغيرات فرحات مسرورات

ولا يدرين أنهن أسماك أضحت قريبة من شبكة الصياد!! نظرات الحب والإعجاب تقفز من عيونهن البريئة نحوها!! إنه جيل اليوم! إنهن يفضلن المعلمة المازحة الهازلة.. حتى لو كانت فارغة ضحلة..

لاح لها وجه معلمتها المفضلة حين كانت في عمرهنّ -ولم يكن وجهها ليفارقها أبداً- بدت لها رمزاً للعطاء والحب.. آية في قوة الشخصية والتمكّن العلمي.. قالت: كنا في جيلنا السابق نفضل المعلمة وقوراً محترمة.. معطاء متمكنة.. هذا ما كنا نقيس به معلماتنا.. أما أجيال اليوم فإنها تقيس الأمور بمقياس جديد، وتزن المعلمة بميزان مختلف!!

دق الجرس.. انتهت الفسحة.. انتظمت الطالبات في خطوط عريضة وصفوف متماوجة.. عليها الآن أن تقف أمام طالبات فصلها تكبح جماحهن وتسكت أفواههن الثرثارة.. ثم عليها أن تقودهنّ إلى صفّهن في الدور الثالث.. إلى فصل عرفنه منذ سنوات طويلة، وفي مدرسة يعرفنها كما يعرفن بيوتهن!!

ضحكت في سرها وقالت: إن قوانين المدرسة تعاملهن كأطفال صغار في مدينة غريبة تخشى عليهن من الضياع!!

ضحكت ثانية وتذكرت أغنام قريتها الصغيرة في فصل الربيع، كيف كانت تعود إلى حظائرها وبيوتها بمفردها ودون أن يصحبها

الراعي.. وذلك حين يطلق سراحها بعد عودتها من المرعى مساءً.. مشت أمام طالباتها.. تقودهن إلى مكان يعرفنه منذ سنوات.. إنه النظام!! وعليها أن تكون قدوة وأن تعلمهن كيف يلتزمن بالنظام!! دخلت فصلها في الحصة الأخيرة.. متعبة منهكة.. وقد استهلكت قوانين المدرسة كل ما فيها من حيوية وعافية!!

عليها في هذه الحصة الأخيرة أن تبذل جهداً مضاعفاً لتقدم كمّاً مقرراً من المعلومات في أربعين دقيقة.. لعيون ناعسة، وعقول متخمة، عليها أن تلقّم طالباتها العلم في ملعقة ذهبية، مغلفة بالحب والعسل، ومع قليل من المياه الغازية لتهضمه عقول متخمة.. وتحفظه عيون ناعسة!!

بدأت تشرح درسها بإخلاص -كما تعودت- وما يزال صوت المحاضرة الدافئ يرنّ في أذنيها:

كيف تكونين معلمة ناجحة محبوبة!!

"الحقيقة المرة"

اجتمعت بها على غير موعد في بيت صديقة لي.. ما زالت كما عرفتها أيام المدرسة، جميلةً رشيقة أنيقة، تصدّرت المجلس، لفّت ساقاً على ساق.. تحدثت بطريقة مميزة، يخيّل لمن يسمعها أنها خريجة معهد لغات، أو جامعة أمريكية.. حاولت أن أتذكَّر جيداً ولكني ما عهدتها في مدرسة غير التي درسنا فيها سوياً، لاحظت نظراتي المتأملةَ فقالت لي ضاحكة:

- ما زلت كما عرفتك يا منيرة!!

فقلت لها -وأنا أعني ما أقول-:

- وأنت أيضاً مازلت كما عرفتك ياغادة!!..

انقسم المجلس بوجودنا ودون قصد منا - إلى مجموعتين.. الأولى تتزعمها غادة تهتم بمناقشة آخر تقليعات الأزياء، وأحدث ماورد إلى الأسواق، كما تتطرّق إلى سعر العملات والذهب والأثاث ثم منها إلى أزمة الخادمات.. والمجموعة الثانية يبدو أني تزعّمتها

دون قصـد مني – تغتمّ لأخبـار دول العـالم الثالث ومشكلات التربية والتعليم ثم تتطرّق إلى ارتفاع الأسعار ومشكلة الغلاء..

سكت الجميع فجأة وقد توجهت الأنظار إلى غادة، فقد وقفت وسط المجلس تعرض للمجموعة روعة تصميم ثوبها مسمِّية دار الأزياء مشيـرة إلى كلفتـه الخيـالية.. سـاد الصمت لحظات، التفَّت حولها العيون ثم ضحكنا جميعاً بصوت مرتفع.. قلت لها من جديد :

– مـا تزالين غـادة التي عـرفت.. ولكن كيف حـافظت على رشاقتك؟ وكم صار عدد أولادك؟

قالت:– سر رشاقتي لن أبوح به.. أما أولادي فهم خمسـة..

– مـا شـاء الله وأنا أيضاً أولادي خمسـة.. أعتـقد أن هذا هو الأمر الوحيد الذي نتّفق فيه!!

ضحكنا من جـديد، ضـحكتها جميلة جذابة.. سـألتني بجرأة غير متوقعة :

– أمازلت تسكنين في منزلك نفسه، وفي الحيّ نفسه؟

– نعم.. فـأنت تعرفين أنني من النوع الذي إذا أحب تعلَّق، وإن تعلَّق لا يفارق..

– أمـا أنا فـإذا أحـببت مللت، وإذا مللت غـيـرت، وإن غـيرت فارقت.. وإلى الأفضل دوماً..

- وأين تسكنين اليوم؟

قطع حديثنا هاتفها الجوال... وبعد لحظات استأذنت قائلة:

- السائق يتحدث من هاتف السيارة -ذكرت نوع سيارتها دون داعٍ- ثم قالت لي قبل انصرافها:

- سأتصل بك قريباً.. أنت مؤكداً لم تغيّري رقم هاتفك!!

فكرت ملياً، للمرة الأولى أكتشف أني لم أغيّر شيئاً في حياتي.. المنزل، المدرسة، الهاتف.. الصديقات.. حتى المقعد الذي أجلس عليه الآن لم أغيّره منذ عرفت مجلس صديقتي هذه.. أدهشتني هذه الحقيقة!! ولكن لم أتضايق.. فأنا سعيدة بما ألفت، ومُحِبة لما تعودت!!

أيام قليلة مرت، أنستني خلالها كثرةُ مشاغلي ومسؤولياتي وعد صديقتي غادة.. ولكنها لم تخلِف الموعد، اتصلت بي هاتفياً، قالت لي بصوت حزين:

- منيرة.. أقصدك في خدمة، لن أنساها لك طول العمر..

- أنا حاضرة إن استطعت.. ولكن لماذا أنا وبعد طول غياب!!

- لأني واثقة من قدرتك عليها.. ولأني ما عرفت فيك سوى الصدق والوفاء.

- أرجوك ياغادة لا تبالغي.. فأنا مستعدّة لخدمتك..

- أولادي.. ابنتي الكبيرة والصغيرة.. أرجو منك زيارتهم في بيت زوجي..

- في بيت زوجك!! وأين أنت منهم؟؟..

- أنا حالياً في بيت أهلي.. لا عليك مني.. المهمّ أولادي.. إنهم بحاجة إلى نصحك وإرشاداتك التربوية والتعليمية.. آه.. نسيت أن أقول لك.. ابنتي الكبيرة ستتقدم للشهادة المتوسطة هذا العام..

- وأنت يا غادة.. لم تركتهم وقت الاختبارات وهم بأشدّ الحاجة إليك؟

- ظروف قاسية.. خلاف كبير بيني وبين أبيهم.. لقد طلب مني أن أترك المنزل حتى يحسم الخلاف..

- ولكن.. ولكن لماذا الخلاف؟ والآن... وبعد خمسة أولاد؟...

- أسباب كثيرة لا أستطيع شرحها الآن.. أنا مظلومة يا منيرة أنا تعيسة.. قحط مدمّر اجتاح عواطفي ومشاعري، كأن عُرى المودة والمحبة انقطعت بيننا.. لقد فارقَنا الحبُّ منذ زمن بعيد!!

سكتّ لحظات.. لم أدر كيف أجيب.. أم كيف أسأل.. سمعتها ترجوني بحرارة وتقول: أريد منك أن تُفهمي أولادي أني مظلومة.. وأن والدهم يمنعني من العيش معهم.. يحرمني حتى من رؤيتهم.. أرجوك..

ثم سمعتها تودعني وتعطيني عنوان منزلها .. بل منزل زوجها .. لم أستطع أن أقرن صورة التعاسة والشقاء بصورة غادة التي رأيتها منذ أيام قليلة .. كانت تبدو في غاية السعادة!!

لم أنم في تلك الليلة .. تألمت لحالها، هيأت نفسي لمسؤولية جديدة تضاف إلى أعبائي الجسيمة .. إنهم خمسة أولاد!! كُبْرَاهم صبية في الخامسة عشرة من عمرها .. كيف يقسو عليهم والدهم؟ كيف يحرمهم من حقهم المشروع في أمهم؟ ..

وفي اليوم التالي .. دخلت المنزل .. لم يكن منزلاً على وجه الدقة .. بل هو أشبه ما يكون بقصر .. حديقة غناء، ممرات طويلة، أثاث أنيق .. رياش فاخرة.

استقبلتني مجموعة من الخادمات، الأولى تحمل العصير، والثانية القهوة، والثالثة الحلوى .. لم آت لهذا!! أين الأولاد!! .. دخلت عليَّ صبية جميلة أدركت للوهلة الأولى أنها ابنة صديقتي الكبرى .. جذابة رشيقة تخيّلت أمها وهي في عمرها .. حيّتني بأدب جمّ، ثم تبعتها أختها الصغرى نحيلةً هزيلة .. ترتجف كعصفورة أفزعتها ريح عاتية .. قلت لهما:

– أنت ريم الحلوة .. وأنت شذا العصفورة ..

ضممت الصغيرة .. قبلتها .. كسرت جدار الصمت قلت:

– لقد حدثتني ماما عنك كثيراً وعن إخوانك .. كأنني أعرفك

منذ زمن طويل، قالت: وقد حدثتنا ماما عنك أيضاً ولكن البارحة فقط وعلى الهاتف!!

حاولت أن أتعرَّف مشكلات ريم المدرسية، سألتها كثيراً وكانت تجيب بحزن دفين، وحين تعبت من أسئلتي المتطفلة قالت:

- خالة.. مشكلتي ليست في المدرسة.. بل هنا في البيت أنا أحتاج أماً!.

قلت لها متظاهرة ببساطة هذه المشكلة، وأنا أدري بحجمها الكبير:

- إذن لا مشكلة يا صغيرتي.. ستعود ماما قريباً..

سمعت صوت الصغيرة شذا لأول مرة حين قالت بلهفة:

- أحقاً ما تقولين؟ متى ستعود؟ متى؟..

- حين يسمح لها والدك بالعودة!! إنه المسؤول.. فترة قصيرة وستمر بسلام.

نظرت إليَّ الابنة الكبرى غاضبة مستنكرة وقالت:

- من قال لك هذا؟.. غير صحيح.. والدي يتمنى عودتها.. لم يطردها.. إنه بحاجة إليها مثلنا.. إنه مريض.. لم تسأل عنه أمي ولم تزره!!

قلت محاولة إيصال رسالة أمها بأمانة..

- ربما كانت غاضبة من بعض تصرفاته القاسية.. ربما لايحبها.. ربما..

قاطعتني قائلة: لا .. لا .. أبي غير قاس.. أبي حنون جداً يحبنا ويحب أمي.

قلت وقد خطرت لي فكرة:

- وهل والدك مريض منذ فترة طويلة؟

- لا .. أبداً.. إنه في كامل صحته، ولكنه مرض حين علم بقرار أمي بعدم العودة إلينا ثم بطلبها الطلاق.

- مستحيل.. أمكم لا تستغني عنكم مطلقاً.. كيف تستطيع التخلّي عن صبية حلوة مثلك، وعن أولاد بمنتهى الروعة.. وعن زوج بمنتهى الحنان كما تصفين، إنها غيمة صيف عابرة وستمر بسلام.. سوف تعود ماما.. سوف تعود..

انفرجت أسارير الصغيرتين، أسهبت ريم تتكلم عن المدرسة والصديقات والمعلمات... حدثتني عن أبيها العظيم وعن حبه لهم.. قلت في نفسي:

- كيف تتّهمه غادة بالقسوة والجفاء؟ ترى من الصادق منهما؟.. ولكن لابد من وجود أسباب قوية جعلت صديقتي تتخلى عن كل هذا الجمال والحنان وسعة العيش، ربما كان زوجها يرغب

في الـزواج من ثانيـة.. وهـي ترفض العـيش مع شـريكة.. ربما.. وكأنما الصبية الذكية قرأت أفكاري فقالت:

– أبي قال لنا: لو وافقت على طلب أمكم وطلقتها فلن أتزوج بثانية أبداً!!.

يا إلهي!! ما السـرّ إذن.. إنها عين لامّة لا تخشى الله أصابتهم ففرّقت شملهم!! أراحتني هذه الفكرة من عناء التفكير المضني..

بدأت أقرأ حولهم القرآن، جلست الصغيرة بين ذراعيّ.. أبت أن تفارقني كأنها تنتظر مني شيئاً عجز عنه الجميع.. حان وقت الرحيل.. قلت:

– لقد تأخرت.. عندي موعد مهم..

تأخر زوجي واعتذر بسبب طارئ.. وصلت البوابة.. سيارتهم الفخمة تنتظرني.. لم أتعوّد أن أركب مع سائق غريب.. تراجعت فأصرّت ريم على أن توصلني سيارتهم قائلة:

– إنه سـائق طيب أمين.. إنه في خدمتنا منذ عشـر سنوات.. ركبت محرجة.. لوّحت مودعة، هرعت الصغيرة إلى أحضاني من جديد تعلقت بذراعي، بكت بحرقة فتّتت قلبي.. قلت:

– سوف أحضر لك هدية جميلة في المرة القادمة..

ردّت ببراءة:

- أنا لا أريد هدايا.. أريد ماما.. أحضري لي ماما!!

انتزعتها أختها كأنها انتزعت قلبي المنفطر.. أغلقت باب السيارة.. وحين ابتعدت عن مرأى الصغيرتين أخذت أبكي بصوت مسموع.. لم أستطع أن أتمالك نفسي، التفت إليّ السائق مشفقاً أخفيت وجهي.. تخيّلت أولادي الخمسة.. تخيلت نفسي بعيدة عنهم.. ازداد نحيبي.. فجأة سمعت السائق يقول بلهجة عربية مكسّرة:

- لاتبكي سيدتي.. لاتبكي!!

قلت غاضبة: كيف لا أبكي!! ألم تر الصغيرة!!

نظر إليّ بعينين حادتين وقال كأنه يريد أن يرمي قنبلة موقوتة:

- ماما غادة تحب رجلاً ثانياً.. ماما غادة طلبت الطلاق لتتزوج من رجل آخر فلوسه أكثر من فلوس بابا!! أيوه..

حقاً إنها قنبلة فجرت رأسي.. عقدت لساني.. بعثرت كياني.. ما هذا الذي يقوله السائق!!

بقيت صامتة جامدة.. وصلت البيت.. لزمته أياماً متتالية.. تجتاحني آلام عاصفة وأفكار محيرة.. تصارعني تساؤلات غريبة لم أجد لها تفسيراً.. ترى هل صديقتي ظالمة أم مظلومة؟.. ما الذي أرادته من زيارتي لأولادها.. أين الحقيقة؟.. من المسؤول؟

لم أكرر زيارتي ثانية .. لم أحاول الاتصال بها .. ولم تتصل هي بي أيضاً، دوامة مريرة.. تساؤلات عديدة لم أعرف لها تفسيراً إلا بعد شهور معدودة.. حين سمعت نبأ زواج صديقتي غادة من رجل ثريٍّ جداً جداً.. ومعروف!!!

"الحلم"

اختلست الخُطَى وهي تدخل غرفتها.. لم تكن تدري أنه في انتظارها.. ارتبكت حين رأته.. ابتسمت له بتصنع.. سقطت من يدها أكياس ثقيلة حاولت أن تخفيَها عنه!! نظر إليها غاضباً وقال بلهجة صارمة:

- كنت في السوق.. كالعادة!!! لا همّ لك سوى متعة الشراء وتضييع المال هنا وهناك.. ولأشياء لا ضرورة لها..

قالت مدافعة عن نفسها:

- كيف تقول لأجل أشياء لا ضرورة لها؟.. إنها ملابس وحاجات مازال الأولاد يطالبون بها منذ أشهر عديدة.. وفي مطلع كل شهر تؤجّل شراءها إلى الشهر القادم!!

- ولماذا لا تؤجّلينها شهوراً أخرى؟.. حتى ننتهي من عمارة الفيلا؟

- أقسم لك لم أشتر شيئاً واحداً لا حاجة لنا به.. إنها ملابس

شــتوية ولــوازم مـدرسـية وبيتيـة لا يمكن أن تؤجَّل حـتى ينتهـي بناء المنزل الجديد .

جلست منهكة تنظر إلى أكياسها .. تراجع حساباتها بدقة .. ثم قالت له :

- هذا معطف لأحمد .. وهذا حذاء لسعد .. وهذه بعض الثياب لأبناء أختك كما عودناهم في كل شتاء .. وهذه ..

قاطعها وقد أثارت غضبه من جديد :

- ماذا؟ .. ثياب لأولاد أختي .. ومن كلّفك بهذا؟ .. لن نقدم لهم شيئاً هذا العام!! أرجعي الثياب واستعيدي المبلغ .. تصرّفي .. نحن بحاجة إلى كل ريال .. «فالبناء أولى» ..

- ولكن يا عـزيزي .. أنسـيت أنهم أيتـام ضـعـفـاء .. وقد عوّدناهم .

- أرجـوك .. كُفّي عن المجـادلة .. أنا أعـرَف منك بالأولويات .. الأهم ثم المهم ..

خرج غـاضبـاً يتمتم .. دخل غرفـة الجلوس .. رأى أولاده وهم يسترقـون الحوار .. وقد انطفـأت الفرحـة في عيونهم بينـما كانوا ينتظرون ثيابهم الجديدة .. تجاهل نظراتهم البريئة الحزينة وهرب إلى غرفة الضيوف .. غرفة صغيرة معتمة .. قال محاوراً نفسه :

- عليهم أن يضحّوا من أجل المنزل الجديد.. شهور قليلة وسوف ينتقلون إلى البيت الكبير.. صالات عريضة.. ممرّات رخامية طويلة.. حديقة جميلة تحيط بالبيت.. له دَوَران كبيران، وغرف واسعة..

سوف نسكن في الدور الأرضي.. هذا أفضل لراحة الأولاد.. وسوف نؤجِّر الدور الثاني..

فكّر ملياً ثم ارتسمت على شفتيه ابتسامة عريضة.. لقد تخيل زوجة جديدة فتية تسكن الدور العلوي.. قال:

- سوف أفصل ما بين الدورين بجدار كبير.. ستسكن زوجتي الجديدة بعيدة عن هموم الأولاد.. سوف أهرب إليها كلما تعبت.. ستكون متعتي الجديدة وملاذي بعد كل هذا الجهد..

دخلت زوجته الغرفة.. خاف أن تضبطه متلبساً بأفكاره.. فأخرج قلماً وورقة من جيبه وتظاهر أنه منهمك في حسابات رقمية لها أول وليس لها آخر.. قدمت له الشاي وقالت بهدوء:

- أنا آسفة يا زوجي العزيز.. ولكن أقسم لك لم أشتر شيئاً لنفسي، الحق معك.. كان الأَولى أن نوفّر مبلغاً كهذا من أجل بيت المستقبل. انتهز فرصة إقرارها وندمها وقال بلهجة مؤثرة:

- أنت أول من يعرف همومي ومشكلاتي يا بنت الحلال.. أنت تعرفين مقدار الديون التي تثقل كاهلي.. وأنت من يعرف مقدار

القسط الذي نسدّده مطلع كل شهر.. أنت الوحيدة التي تعلم أنني قد بعت مصاغك من أجل تحقيق حلمنا المشترك.. أنت من يشاركني هم النهار وأرق الليل.. لقد أرهقتني وطأة الدين وأعيتني الحيلة!!

– لا عليك أيها الغالي.. خذ بقية ذهبي وبعه.. «خير الله ثم خيرك».

– لا .. لا .. وبارك الله فيك.

– ولكن أرجوك لي مطلب واحد .. ملابس أولاد أختك.. اسمح لي أن آخذها لهم.. هذا الشتاء فقط.. ومن الآن إلى الشتاء القادم يفرجها الله..

فكر قليلاً ثم قال:

– لا بأس.. خذيها ولكن بشرط.. لا إجازة هذا العيد.. لا زيارة ولا عمرة في رمضان كالعادة.. لا إجازة في الصيف.. يجب أن تهيئي الأولاد نفسياً لذلك.. يجب أن نشدّ الحزام فوق بطوننا.. أفهمت ما أقول؟..

نظرت إليه كالبلهاء... كأنها لا تصدق ما تسمع.. يا لهذا الحلم الذي غدا كابوساً فقلب حياتهم رأساً على عقب.. يا لهذا المنزل الجديد الذي سلبهم أمنهم وراحتهم.. وسلبهم لذة العطاء.. سلبهم طعم السعادة وفرح الأمان..

قامت ثائرة تبكي وتقول لنفسها :

- لا بارك الله في ساعة تحرمنا لذة العيش ومتعة العطاء.. ما لهذا المنزل الصغير لا يعجبه؟.. لقد قضينا فيه أجمل أيامنا وأسعد أوقاتنا بصحبة الأولاد والأهل.. رغم ضيقه وتقارب جدرانه إلا أنه ضمّ بين أطرافه أسرة متحابّة وقلوباً رحيمة متعاطفة.. لم تعرف الأنانية طريقها إليها.. سـوف يفصلنا البيت الجديد عن العالم من حولنا حتى من قبل أن نسكنه.. سوف تعمينا جدرانه العالية عن هموم الناس من حولنا.. كم أكره البيوت الكبيرة!!! كم أكره الأحـلام الواسـعة الفضفـاضة!!! لماذا لا نرتدي أحلامـاً على مقاسنا؟!

حاولت في الشهور التالية أن ترضيَه ولو على حساب سعادة أطفالها أو المحتاجين إليها.. حاولت أن تحقق مطالبه المترفة ولو على حساب الحاجة الملحة لمن حولها.. علّ حلمه الفضفاض يتحقق!!..

وذات مسـاء... دخل بيته الصغير يتألق فرحة وسـعادة.. طلب منها أن تجهـز نفسـها والأولاد ليـرافقوه في زيارته إلى البـيت الجديد.. فقد أصبح جاهزاً للسكن.. قال لهم والسعادة تغمره :

- هيـا.. بسـرعة.. سـأريكم حلمنا المنتظر وقد تحقق.. سوف ننتقل إلى (الفيلا) خلال أيام قليلة.. هيا يا أم أحمد..

نظرت إليه صامتة.. حاولت أن تشاركه سعادته.. خشيت أن تفعل.. خافت أن يسرق البيت الجديد ما تبقّى من مشاعرهم وعواطفهم، وأن يغتال البقية الباقية من عطائهم.. نظرت إليه فلمحت على وجهه وخلف سعادته العامرة لوناً أصفر باهتاً.. قالت له:

– لونك باهت يدل على تعبك الشديد.. لنؤجل زيارتنا إلى الغد..

– لا.. لا.. هيا.. سوف أرتاح برؤية البيت الجديد..

دخلوا جميعاً (الفيلا) تناثروا هنا وهناك في أرجائها الواسعة.. صرخات الأولاد السعيدة ترتدّ أصداؤها إلى مسمعها فتفرح قلبها الحزين.. أسرع زوجها يفتح الأبواب الكبيرة.. يقفز من غرفة إلى غرفة.. يريهم أركان البيت المتباعدة ويقارن بينه وبين بيتهم الصغير المتواضع.. يؤمّلهم بحياة سعيدة مديدة هانئة.. قال لاهثاً والتعب يبدو واضحا على وجهه:

– سنوات قليلة وسوف تنتهي كل ديوننا يا أم أحمد.. سوف تنزاح تلك الغمامة السوداء التي كدّرت حياتنا في النهار، وحرمتنا لذة الغمض في الليل..

ضحكت أم أحمد.. وقفت على الشرفة المطلة على الحديقة الجميلة.. رؤوس الأزهار الصغيرة تحاول أن تخترق الأرض

الخضراء وتنظر إلى السماء.. وما زالت ضحكات أولادها تدغدغ مشاعرها الكامنة، ومازالت هي تحاول جاهدة أن ترتديَ حلم زوجها الفضفاض وتقنع نفسها به.. فجأة امتزجت ضحكات الجميع بصرخات متتالية: أبي.. أبي.. ماذا أصابك؟

أسرعت إليه، رأته ملقىً على الأرض وجهه لا دماء فيه.. انحنت فوقه وضعت يدها فوق صدره.. قلبه صامت لا حياة فيه.. صرخت بأعلى صوتها تناديه.. صرخ من حولها الأولاد.. شاركتهم الجدران أصداء الصراخ والعويل.. إنه جثة هامدة.. لا حياة فيها ولا حراك.. نادته.. هزّته.. قالت له:

- هيا.. هيا قم.. لقد تحقق حلمك الجديد!!

نادته ولكن ما من مجيب!!